KB108420

생각을 만들어가는 생각교육

생각을 만들어가는 생각교육

발행일 2020년 6월 16일

지은이 김일남
펴낸이 손형국
펴낸곳 (주)북랩
편집인 선일영　　편집 강대건, 최예은, 최승헌, 김경무, 이예지
디자인 이현수, 한수희, 김민하, 김윤주, 허지혜　　제작 박기성, 황동현, 구성우, 장홍석
마케팅 김회란, 박진관, 장은별
출판등록 2004. 12. 1(제2012-000051호)
주소 서울특별시 금천구 가산디지털 1로 168, 우림라이온스밸리 B동 B113~114호, C동 B101호
홈페이지 www.book.co.kr
전화번호 (02)2026-5777　　팩스 (02)2026-5747

ISBN 979-11-6539-259-8 03370 (종이책)　　979-11-6539-260-4 05370 (전자책)

이 도서의 국립중앙도서관 출판예정도서목록(CIP)은 서지정보유통지원시스템 홈페이지(http://seoji.nl.go.kr)와 국가자료공동목록시스템(http://www.nl.go.kr/kolisnet)에서 이용하실 수 있습니다.
(CIP제어번호: CIP2020024222)

? · · · · · · · · !

생각을 만들어가는

생각교육

김일남 지음

생각은

테어나기보다는

만들어진다

북랩 book Lab

생각을 열며

[생각이 미래다]

'시작이 반이다.' 속담이 있다. 시작은 생각에 의하여 이루어진다. 무언가 하려면 생각이 우선되어야 하고 생각이 없다면 시작할 수도 없다. 생각을 하는 이유는 필요한 것이 이미 내 안에 존재하기 때문이다. 좋은 생각을 하면 좋은 일을 하고 나쁜 생각을 하면 나쁜 일을 할 것이다. 내가 하는 일이 남이 생각하기에 우스꽝스럽게 보일지라도 세상을 변혁시키는 단초가 될 수 있다. 생각이 바뀐다면 진실로 원하는 것을 얻을 수 있다. 세상에서 일어나는 모든 일은 인간의 생각에 의하여 진보하거나 퇴보하고 있다는 것은 지금 이 시각에도 경험이 가능하다. 생각은 행동을 지배한다. 생각을 실현하면 스스로가 인생의 창조임을 경험하게 될 것임은 더할 나위 없이 명백하다.

본서에는 앞서 세상을 살고 간 선각자들의 사유 세계와 접했다.

인간의 사상 및 자기 표현을 대상으로 접근한 인문·사회과학적 지성들과 자연과학이 객관적으로 존재하는 자연현상에 대하여 경험적 접근을 다루는 과학자들이지만, 어디까지나 그들의 삶과 정신세계를 인문학적인 입장에서 살폈다. 여러 분야의 각 선각자들은 건강한 정신으로 당당하고 슬기롭게 이끌어갈 수 있는 힘을 인문학을 통해 얻을 수 있었기 때문이다. 그들이 살았던 시대의 삶은 오늘날의 시대와 많이 달라서 지금으로서도 이해할 수 없는 부분들이 많지만 우리는 그들의 세계에서 그들의 삶과 정신세계를 들어다보면 보편타당한 인간의 가치를 발견할 수 있고 그들의 사유세계는 세상을 바꾸는 초인들이었음을 발견할 수 있다.

그들은 한결같이 남다른 생각을 하는 사람들로 세상을 정화하거나 세상을 바꾸었다. 다름 아닌 다산, 법정스님, 듀이와 부르너, 다빈치, 모차르트, 에디슨, 뉴턴, 아인슈타인, 스티브 잡스 등은 여러 자기들 분야의 세계에서 가장 높은 선반에 올라있는 선각자들이다. 이들의 사유 세계는 형식적으로나 잠재적인 교육으로 녹아나

야 한다. 그래서 생각을 만들어가는 교육을 해야 할 이유가 여기에 있다.

이 같은 사실을 직시할 때 가정에서나 학교에서 자라나는 애들의 생각을 키우는 일에 대해 고민을 해 보았는지 스스로 질문을 던져 본다. 저자 역시 가정에서는 자녀들에게, 학교에서는 학생들에게 '왜why'와 '어떻게how'와는 무관하게 사실적인 지식을 전달하는데 급급했고 명령과 지시에 능했다. 그러니 개인적 상황에 적합한 쓸모 있는 지식과 경험을 받아들여 자기의 것으로 만들어가는 체화지식Know-Where의 과정은 필요 밖이었다.

애들이 즐기는 형태 자체만 관심을 가졌을 뿐이지 그들의 내면적인 세계나 추구하고 있는 이상과는 전혀 관계없이 지도 내지는 훈시에 열중했을 뿐이다.

그런데 '형태는 생각을 따라 온다.'라는 아주 평범한 진리임에도 미처 깨닫지 못하고 그냥 지나치는 경우가 허다하다. 인간들의 사고는 가볍고 재빨리 변하기 십상이다. 때문에 물질 같은 조밀한 형태의 에너지와는 달리 즉각적으로 드러난다. 무언가를 만들어낼 때 언제나 생각의 형태로 먼저 그것을 떠올리게 되는 것도 바로 이 때문이다. 공부를 시작하기 전에 먼저 '공부를 해야지.'라는 생각을 하며, 이 생각 전에 '시험일이 내일이지.'라고 생각한다. 서예를 하는 사람이 붓을 잡기 전에 서제를 먼저 생각하고, 서제를 선정하기 전에 출전 대회를 먼저 생각하는 것처럼 생각이나 아이디어가 항상 앞서는 것이다. 이렇게 해서 결국에는 그 에너지를 물리적인 차원에서 볼 수 있게 만들어 준다.

어디 그뿐인가, 예뻐질 것이라고 생각하면 실제로도 그렇게 된다. 인간의 마음속 깊은 곳에 숨겨져 있는 무의식적인 생각이나 감정이나 이상도 이와 똑같은 방식으로 작용한다.

스튜어트 에이버리 골드는 《핑ping》에서 이렇게 읊고 있다.

내가 꿈을 꾸지 않는 한,

꿈은 절대 시작되지 않는다.

언제나 출발은 바로 '지금 여기'야.

때가 무르익으면 '그럴 수 있는 조건이 갖춰지면' 하고

미루다 보면, 어느새 현실에 파묻혀 소망을 잃어버리지,

그러므로 무언가 '되기be'위해서는 반드시

지금 이 순간 무언가를 '해야do' 해.

생각이 미래다. 내가 무언가 하고 싶고, 꿈을 이루고 싶으면 먼저 생각을 해야 된다. 무언가 이루어지지 않는다면 생각을 하지 않기 때문이다.

그래서 꿈을 꾸는 애들에게 의도적으로 생각을 하도록 하는 일은 필요조건이며 생각을 만들어가는 교육으로 새로움을 일으켜 생각의 결실을 얻게 하는 일이 충분조건임을 이 책에서 제시하고 있다.

틀에 박힌 사고를 하는 사람은 수렴적 사고에 얽매이는 경우가 많아 기존상태를 깨트리는 발전과 진보가 없다. 그러나 수렴적 사고와 확산적 사고를 적절히 활용할 줄 아는 사람은 고정관념의 틀을 깨고 남과 다르게 독창적으로 생각할 수 있게 되는 힘을 창출하게 된다. 이럴 때 필요충분조건에 다다르게 되리라 확신한다.

그리하여 이 책을 네 가지 질문으로 나누어 엮었다. 첫째 장에서는 생각교육이 '왜' 필요하며 생각의 무게와 생각이 주는 힘은 무엇인지를 밝혔다. 이어 둘째 장에서는 생각을 만들어가는 데 디딤판이 되는 아이디어를 밝혔고, 셋째 장에서는 생각교육은 의도적이면서도 형식적이어야 그 효능을 배가할 수 있기에 '어떻게' 생각을 만들어갈 것인가에 초점을 두고 공부 방법을 탐색하였다. 마지막 장에서는 생각을 집어넣는 방법이 아닌 생각을 이끌어내어 체화지식으로 재창조하기 위한 부드러운 힘, 넛지 효과를 노려 생각의 소통을 엮었다.

이 글을 작성하는데 있어서 교육 현장에서 경험하고, 생각하고, 느낀 것과 함께 다양한 자료 탐색을 통해 얻은 자료를 정리하였기에 같은 경험이나 같은 생각을 한 독자들도 있으리라 사료된다. 한편 독자 여러분께서는 이 책에서 제기한 생각을 만들어가는 교육이 전부가 아니기에 부족함이 있음을 지적할 것이다. 그렇더라도 덧붙여서 더 좋은 생각교육을 실천하는데 도움이 되길 기원한다.

끝으로 어려운 사정에도 본 책의 발간을 쾌히 승낙해 주신 북랩의 대표님께 감사드리며, 바쁘신 가운데 원고를 꼼꼼히 살펴주신 직원 여러분께도 감사드린다.

2020. 6.
김일남 드림

목차

왜 생각인가 : 생각의 힘

생각 디딤돌 : 생각 만들기 아이디어

생각은 어떻게 : 생각 만들기 공부

생각마당 : 생각 소통

생각은 태어나기보다는 만들어진다

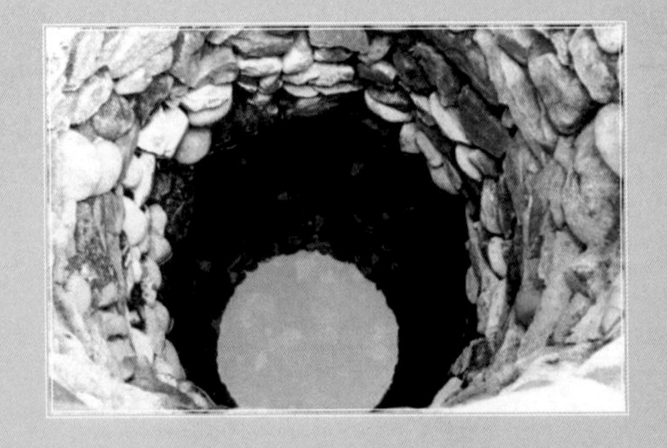

생각을 만들어가는 교육

작가 이정하는 '돌아가고 싶은 풍경'에서 '생각'을 이렇게 노래하고 하고 있다.

> "생각은 우물을 파는 것과 닮았습니다.
> 처음에는 흐려져 있지만 차차 맑아지니까요."

생각을 하면 할수록 점점 뚜렷해지고 선명해지면서 보이지 않던 새로운 것을 창조한다.

그래서 이 세대를 이끌어 갈 주역들이 어떤 새로운 문제(사태)에 부딪침으로써, 문제해결형식을 취하되 합리적이고 과학적인 태도와 기능으로 문제(사태)를 분석하고 합목적적으로 처리할 수 있는 길을 찾는 생산적 사고를 만들어가는 방식을 가르치는 생각교육은 학교 교육의 가장 높은 곳에 두어야 한다. 교육의 생명력은 생각하는 힘을 길러주는 데 있기 때문이다.

제 1 장

왜 생각인가
: 생각의 힘

교육의 생명력은 생각하는 힘을 길러주는 데 있다

생각은 창조의 에너지이다

창의적인 사람은 융합적 사고를 토양으로 한다

정답만을 가르친 교육은 질문을 발산하는 생각을 가둔다

생각하는 힘이 능력으로 인정되어야 한다

선각자들은 생각을 인간이라 한다

생각을 만들어가는 힘이 국력이다

우리 인간은 자기 생각대로 매사를 선택하지만 결과가 잘못되면 남의 탓으로 돌린다. 이처럼, 인간의 의지는 생각대로 움직이듯이 개체가 어떤 생각을 하느냐에 따라 생각이 걸어가는 과정과 결과의 모양은 달라질 수밖에 없다. 인간의 품격 또한 달라질 수밖에 없음은 당연하다.

생각은 인간을 만드는 그릇이라 했다. 학교에서 젊은이들에게 '생각을 만들어가는 교육'을 교육해야 하는 까닭이 여기에 있다.

생각을 만들어가는 생각교육 ①

교육의 생명력은 생각하는 힘을 길러주는 데 있다

왜 생각교육인가

교육은 무엇이며, 교육을 통해 우리는 무엇을 할 수 있는가? 단순하게 생각하면 지극히 평이한 물음이나, 막상 이 물음을 깊이 생각해 보면 결코 간단하지 않음을 알 수 있다. 만일 교육이 단편적 지식 위주의 전달식 교육이라고 한다면, 교육은 생명력을 잃게 된다. 왜냐하면 학습자는 지식을 받아들이는 일에만 골몰한 나머지 학습자 본인의 생각이 작동하지 않기 때문이다.

그러므로 맹목적으로 기존에 일으켜 놓은 지식과 가치를 학생들에게 무조건적으로 강요하거나 주입시키고 기존 질서에 순응하도록 하는 것을 지양하고 학생들로 하여금 능동적으로 생각하여 그들 나름의 세계를 창조하도록 해야 한다.

사람을 사유의 동물이라 했듯이 사람의 '생각'은 미지의 진리를 탐구하고 해양과 우주를 개발하거나 산업을 발전시키는 기초가 될 뿐 아니라 우리 자신의 체력을 관리하고 아름다운 선율과 조형예술을 창조하며 윤리 규범을 지켜가는 근원이 된다.

이렇듯 '생각'은 우리 생활의 모든 영역에서 깊이 관련을 맺고 있으며, 인류의 문화와 문명을 꾸준히 발전시켜 온 원동력이다.

때문에 학교 교육에 있어 학생들에게 '생각'이 담고 있는 무한한 잠재력을 발굴하고 창의력을 발휘하도록 하는 '생각을 만들어가는 교육'은 큰 몫을 차지한다. 그리고 이 몫은 다름이 아니라 생각을 만들어가는 교육의 방법을 일구는 일이다.

이같은 교육의 방법은 탐구학습, 발견학습, 토론학습, 협동학습, 놀이학습, 논쟁학습, 집단지성 교육, 자기주도적 학습, 또는 창의융합형 인재 양성교육, 인간중심 교육과정 등이며, 이 방법들은 학교교육에서 중요한 교육 방법으로 다루어지고 있으며, '생각을 만들어가는 교육'의 맥락에서 이해될 때 확연히 드러난다.

생각교육이 왜 중요할까

그렇다면 교육에서 왜 '생각'이 중요하게 다루어져야 하는지 질문을 던져본다.

일찍이 노벨물리학상을 수상한 아인슈타인은 "진정한 천재는 지식이 아니라 상상력을 지닌 사람이다."라고 했다. 상상력은 곧 생각이며, 생각은 창조의 출발이라고 역설했다. 결국 그의 남다른 생각은 상대성이론을 창시했다. 데카르트 역시 "나는 생각한다. 그러므로 나는 존재한다."라는 명제를 언급하며 인간은 모름지기 '생각하는 나', 즉 '인간의 의식'을 전면에 내놓아 "생각할 때만 나는 존재한다."라며 생각의 중요성을 말해주고 있다. 그의 이같은 주장은 자신의 생각을 지니고 자신의 판단과 결정으로 주도적인 삶을 살아야 인간의 존엄성을 지니게 되며, 가장 인간답게 사는 길이라고 뭇 사람들에게 일깨워 주고 있다. 영국의 물리학자 뉴턴은 사과나무에서 사과가 떨어지는 것을 보고 천재적 영감을 발휘하여 역사상 최초로 만유인력을 발견했다. 그는 늘 새로운 관심사를 찾았고, 한 번 흥미를 가지면 여지없이 깊이 생각하는 탐구 정신을 지녔다. 스마트폰의 대명사인 아이폰으로 세계 휴대전화 시장을 석권한 주역 스티브 잡스는 왜 사과와 IT를 접목했을까? 문명과 역사를 사과가 바꾸었듯이, 스티브 잡스는 생물인 사과를 무생물과 결합하여 숨을 쉬지는 못할지라도 인간의 능력을 초월한 '매킨토시 컴퓨터와 아이폰'을 창시했다. 이 엄청난 창조물은 애플사의 슬로건이면서 스티브 잡스를 상징하는 '다르게 생각하라Think Different!'에서 출발했다.

이제 생각을 만들어가는 교육에 대한 위치가 밝혀졌다. 학교 교육이 추구하는 목표는 많지만, 가장 핵심적인 위치에는 생각교육을 두어야 한다는 논리에 반대하는 이가 많지 않을 것이다.

교육의 생명력은 생각하는 힘

생각을 만들어가는 교육은 인간의 사고능력을 키우는데 중점을 두는 교육이다. 다음과 같이 말하면 어색하게 들릴지도 모른다. 왜냐하면, 생각사고思考하지 않는 인간이 어디 있으며, 모든 교육의 과정이 곧 생각을 풍부하게 하는 것이 아니겠냐고 당연시 할 수도 있기 때문이다. 그러나 생각을 만들어가는 교육은 자연적인 학습에 의해 길러질 수도 있지만, 보다 의도적으로 형식적인 교육력을 투입할 때 더욱 효과적이라는 데는 의심의 여지가 없다. 인간의 사고란 아주 간단한 것으로부터 매우 정교하고 복잡한 것에 이르기까지 다양하다. 지식을 기반으로 하는 정보화 사회를 뛰어넘는 제4차 산업혁명시대에서는 다양한 사태에서 부딪히는 문제를 합리적인 사고방식을 통해 해결할 수 있는 능력이 요청되며, 이 능력은 학생들로 하여금 생각하게 하는 힘을 키움으로써 가능하다는 것이 생각을 만들어가는 교육이 의도하는 바이다.

본디 인간이 이성적인 까닭은 생각사유할 수 있는 능력을 지녔기 때문이다. 듀이는 학교가 학생을 위해 할 수 있고 또 하여야 할 일은 생각하는 능력을 길러주는 일이라고 했다. 부르너 역시 '놀라게 하라, 의문을 갖게 하라, 곤란에 봉착하게 하라.'라고 충고하면서 생각을 유발하도록 지적 목마름의 상태로 몰아넣는 일이 교육의 생명이라고 주장했다.

이 세대를 이끌어 갈 주역들이 어떤 새로운 문제(사태)에 부딪침으로써 문제해결형식을 취하되 합리적이고 과학적인 태도와 기능으로 문제(사태)를 분석하고 합목적적으로 처리할 수 있는 길을 찾는 생산적 사고productive thinking를 만들어가는 방식을 가르치는 생각교육은, 학교 교육의 가장 높은 곳에 두어야 한다. 교육의 생명력은 생각하는 힘을 길러주는 데 있기 때문이다.

생각을 만들어가는 생각교육 ②

생각은 창조의 에너지이다

코페르니쿠스적 전환

폴란드의 천문학자 코페르니쿠스는 1543년《천구의 회전에 관하여》를 출간하여 천동설을 맹신하던 서구사상에 커다란 변혁을 가져왔고 세상을 놀라게 했다. 코페르니쿠스는 지구가 자전축을 중심으로 자전하고 정지해 있는 태양 주위를 공전한다는 지동설을 주장함으로써, 근대 자연과학에 획기적인 전환을 가져왔다. 지구는 더 이상 우주의 중심이 아닌 수많은 천체 중 하나로 여겨지게 되었고, 수학적으로도 기술할 수 있게 되었다. 즉 그가 프톨레마이오스의 천동설이 아닌 아리스타르코스의 지동설을 선택한 까닭은 천동설의 복잡한 기교성 대신 지동설의 단순명쾌한 합리성을 인정했기 때문이다. 이것이 바로 '코페르니쿠스적인 혁명'이다. 코페르니쿠스적인 혁명은 발상의 전환에 있다. 발상의 전환이 없었다면 불가능한 혁명이었다. 후세인들은 코페르니쿠스적인 혁명은 코페르니쿠스적 사고의 전환에 기인하고 있음에 반론을 제기하지 않는다. 고정관념을 깨트린 '생각 혁명'이기 때문이다.

생각은 창조의 시작

코페르니쿠스적 전환을 통해 맹신했던 천동설이 지동설로 전환되어 우주에 대한 관념이 바뀌었듯이, 생각이 없다면 '현상은 영원히 현상' 그 자체일 뿐 바뀌지 않는다. 그렇기에 변화하지 않는 현상 속에 머무르고 있는 학생은 마치 기계의 부품처럼 개성도 없고 생동감도 잃어버리게 될 것이다. 학생이 생각하는 주체로서 정체성을 확립해 주기 위해서는 어떤 일부터 출발해야 할까?

아무래도 교육의 주체인 선생님의 경색된 사고부터 과감하게 깨트려야 할 것이다. 그리고 선생님은 학생들이 발산하는 어떤 생각도 개방적이고 긍정적으로 수용하여 보다 깊은 창조의 나래를 펼칠 수 있는 환경을 조성해주는 것이 우선되어야 한다. 그리하여 이글거리는 태양에 전기 플러그를 꽂아 볼 수도 있게 하고, 토끼하고도 이야기할 수 있도록 해야 한다.

김우타의 《소리 없는 소리》 중 '생각이 창조 에너지다'라는 파트에서 생각은 모든 창조 에너지의 시작임을 노래하고 있다.

생각은 / 눈에 보이지 않으나 / 특정한 진동을 가진 실체이다. /과학은 진동을 에너지로 보는데 / 그런 점에서 생각은 에너지이다. / 오컬트(Occult) 차원에서 본다면 / 생각은 신의 창조력을 수행하는 에너지이다.

그렇다. 인간의 말과 행동은 생각에서 출발한다. 말하기 전에 생각이 먼저이고, 행동하기 전에 생각이 먼저이다. 생각의 지배하에 인간이 움직인다. 궁극적으로 생각이 말과 일정한 행동과 태도를 취하게 한다사언행일치思言行一致. 따라서 창조도 생각이 지배한다.

이제 가르치는 교사도 배우는 학생도 생각을 바꿔야 한다. 우선 교육의 주체인 교사가 먼저 생각의 틀을 바꿔야 하는 것은 당연하다.

21세기는 창의성 시대

20세기가 정보의 시대라면 21세기는 창의성의 시대이다. 애플사社를 창립한 스티브 잡스처럼 남과 다른 독창적인 발상을 하고 문제를 해결하는 능력이 뛰어난 창의적인 인재를 사회가 요구하고 있다. 깊이 있는 지식보다는 풀리지 않는 기술을 시험하는 듯한 사지선다형 문제나 단순 암기식 수업 내용은 시대에 뒤떨어진 교육방식이므로 하루빨리 던져야 한다.

클릭 한 번으로 온갖 정보가 쏟아져 나오고 지식의 유효기간이 갈수록 짧아지는 시대에 이런 교육은 설 자리가 없다. 옛날에는 창의성을 신이 내려준 선물, 즉 타고난 재능으로 보았다. 그러나 창의성은 어느 날 하늘에서 뚝 떨어지거나 경쟁이 없는 사회에서 만들어지는 것이 아니다. 많은 연구를 통해 창의성도 교육과 훈련을 통해 계발할 수 있음이 밝혀지고 있다.

'행복 연구'로 유명한 미국 심리학자 미하이 칙센트미하이 교수가 창의적인 사람 91명을 대상으로 인터뷰를 했다. 이들은 각자의 영역에서 해당 지식을 섭렵해 이를 토대로 새로운 지식체계를 생산해 낸 사람들이었다. 우연한 발견이나 비범한 통찰도 그 발견이나 통찰의 의미를 이해할 수 있는 탄탄한 지식을 갖춘 사람에게만 가능하다는 의미다. 탄탄한 지식이야말로 창의성의 바탕임을 증명해 주고 있다.

이를테면 천재 음악가 모차르트의 재능이 아무리 뛰어났다 한들, 아버지의 혹독한 조기교육을 통해 모차르트가 탄탄한 지식을 쌓도록 하는 뒷바라지가 없었더라면 천재성이 사장돼버렸을 수도 있다.

생각은 창조의 에너지

그렇다면 어떤 모습으로 빚어진 생각이 이상적일까? 이왕이면 생각을 하되, 생각을 담고 있는 그릇이 크고 깊으면 더욱 이상적이겠다.

원황철은 《인생길 새롭게 열다》에서 '생각의 틀의 크기와 깊이'를 노래했다.

삶의 방식이 삶의 질과 / 삶의 결과를 결정짓는 핵심이다. / 삶의 방식은 곧 사고방식과 행동 방식인데, / 행동 방식은 사고방식에 따라 크게 영향을 받는다. / 그렇기 때문에 삶의 방식을 결정짓는 출발점은 사고방식이다.

생명과학에서는 신체의 특정 부분이 타인과 같을 확률은 10억분의 1에 불과하다고 한다. 어쩌면 특정 주제에 대한 생각도 상당한 수준에서 개인차가 있을 것이다. 이 같은 점에서 인간의 삶의 방식은 획일화된 표준이 없다. 사람마다 다르다. 사람마다 생각의 틀이 다르기 때문일 것이다. 생각의 틀이 다르기에 행동 방식이 다른 것은 당연하다. 그렇기에 삶의 방식은 개개인의 생각에서 출발할지라도 개개인의 생각이 틀이 크고 깊으며, 고정적이 아니고 유연하며, 남다른 독창적인 생각이면 창조적인 에너지의 파워가 넘칠 것이다.

생각을 만들어가는 생각교육 ③

창의적인 사람은 융합적 사고를 토양으로 한다

제4차 산업혁명은 융합적 사고가 기반

인공지능AI 시대로 불리고 있는 제4차 산업혁명 시대는 융합적 사고를 기반으로 한다. 융합적 사고(思考)는 서로 다른 분야의 지식과 기술을 융합하여 의미 있고 새로운 것을 창출하는 사고이며, 전에 있었던 것을 융합하여 새로운 것을 창출하는 데 기여한다. 한편 융합적 사고를 기반으로 하는 제4차 산업혁명 시대를 융·복합 시대라고도 일컫는다. 여기서 주목하고자 하는 것은 '융합'이다. 융합은 전에 없던 새로운 것이 아니고, 전에 있었던 것 중 서로 다른 분야를 융합하여 새로운 것을 창출하는 것이다. 융합은 인류 문명의 혁신을 가져오는 혁명을 불러왔다. 융합은 창조의 에너지로 작용했다. 융합이 가져온 산업혁명의 위대함을 이야기해 본다.

영국에서 일어나 유럽과 미국 등으로 확산한 제1차 산업혁명은

1760년부터 1820년까지 석탄과 철광을 원료로 면직과 제철공업이 발달한 시기를 말한다. 제2차 산업혁명은 1980년대 이후 석유와 철강을 원료로 화학공업과 전자공업이 불길처럼 타오른 시기이며, 제3차 산업혁명은 1980년대부터 1990년대에 컴퓨터 정보와 자동차 산업이 발달하여 정보혁명의 시기라고 일컬었다. 한편 2016년 세계 경제 포럼에서 언급된 제4차 산업혁명은 2000년대 이후 물리시스템 발달로 첨단 정보통신기술과 제조업의 융합이 이루어져 왔다.

그 대표적인 산물은 사람, 사물, 프로세스 등 모든 것이 인터넷으로 연결되어 정보가 생성·수집·공유·활용되는 미래 네트워크 기술인 사물 인터넷, 추리와 적응, 논증 따위의 기능을 갖춘 컴퓨터를 일컫는 인공지능AI, 디지털 환경에서 생성되는 방대한 규모의 빅데이터, 디지털이 만들어 놓은 가상의 세계에서 인간이 실제와 같은 체험을 할 수 있도록 하는 최첨단 기술인 가상현실, 인간의 본질을 잘 이해하여 인간과 자연과의 본연의 관계를 해명하는 생명과학, 드론이 고중량 화물이나 부담스러운 물자를 운송해 수송비용을 획기적으로 줄이는 무인운송산업, 10억분의 1 수준의 정밀도를 요구하는 극미세가공 과학기술인 나노기술을 비롯한 로봇산업이다. 이처럼 산업혁명은 새로운 산업이 갑자기 돌출하는 것이 아니고, 이전 산업혁명 시기 때부터 축적된 지식과 기술이 통합되고 융합하여 보다 진보된 산물을 창출하기에 이르는 새로운 시기를 뜻한다.

이같이 융합이라는 의미에서 순차적으로 산업혁명의 시기를 설명하면 '제1차+제2차+제3차+제4차 산업혁명'의 도래라고 함의해도 지나친 말은 아닐 듯싶다. 달리 말하면 제4차 산업혁명은 '제1차+제2차+제3차 산업의 융합'이다.

그렇다면 융합은 교육과 어떤 상관이 있기에 이 글의 키워드로 기술되고 있을까?

우리나라에서는 2010년 이후부터 융합 교육이라는 용어가 회자되어오고 있다. 국가수준 교육과정에서는 창의적인 사람을 정의할 때 융합적 사고에 기반을 두고 있다. 2015 개정 교육과정에서 창의적인 사람을 다음과 같이 밝히고 있는데, "창의적인 사람은 새로운 의미와 가치를 생성할 수 있어야 한다. 이는 융합적 사고를 필요로 하며 융합은 다양한 지식과 아이디어를 연결하는 능력으로써 통합과 유사한 의미라고 할 수 있다. 즉, 창의적인 사람은 융합적 사고를 바탕으로 하여 새로운 의미와 가치를 생성할 수 있어야 한다."

한국 교육은 융합형 인재를 키우는 일

융합에 초점을 둔 한국 교육은 앞으로 어떻게 나아가야 할까? '융합형 인재를 양성'하는 목표를 학교 교육의 가장 높은 선반에 두어야 한다. 융합형 인재는 융합적인 사고를 키우는, 즉 '생각을 만들어가는 교육'에 의해 길러진다. 융합적인 사고는 다음과 같이 단순한 사고에서 출발하여 깊은 사고로 이어진다. 학생들이 이곳저곳에서, 이 교과 저 교과의 학습 과정에서 암기 위주로 얻은 지식이나 단답형 단편 지식일지라도 소중한 지적 자산으로 간주해야 한다. 1단계 생각에 머무른 저급 지식도 다음 지식을 획득할 수 있게 하는 기초 자원이다. 1단계의 생각은 단순한 생각이며, 틀에 박힌 알고리즘 사고에 의존한 저급 사고에 가까울 수밖에 없다. 그렇지만 1단계의 생각을 다듬으면 기존의 정보를 확장하여 문제 해결을 위해 사용하게 되는 고급 사고에 이르게 된다.

때문에 한 차원 높은 생각인 고급 사고에 이르도록 하는 교실 수업이 성행할 때 학생들은 고등사고력인 메타인지 사고력을 지니게 될 것이다.

그렇다면 고급 사고를 어떻게 키울 것인지 방안을 궁리해 본다. 우선 창의적인 융합영재교육STEAM교육을 생각할 수 있다. 과목의 경계를 넘어 실생활 속에 체험과 탐구학습을 통한 융합적 사고를 키우는 교육을 말한다. 융합교육은 학생의 학습에 대한 흥미와 이해를 증진시키고 과학기술, 인문 지식, 예술적 심미안의 융합 사고를 키울 수 있어 보다 차원 높은 사고를 발휘할 수 있고, 다양한 방도에서 문제를 해결하는 힘을 지니게 된다.

창의적이고 융합적인 인재가 지녀야 할 융합적 사고를 하려면 몇 가지 소프트 스킬이 필요하다. 비판적 사고력, 소통 능력, 창의력, 협업 능력이다. 여기에 대인관계능력도 빼놓을 수 없다. 이 능력들은 21세기를 살아갈 핵심역량21 century skills이기도 하다.

창의적인 사람은 융합적 사고가 토대

이같은 능력들은 다양한 학습 능력을 지닌 구성원들이 모인 이질집단에서 이루어지는 협동학습과 개인이나 조직의 문제해결과 관련된 대안들 가운데 최적한 대안을 선택하는 의사결정학습, 사회적으로 찬반이 나누어져 있는 여러 대안 중에서 어느 하나를 합리적으로 선택하고 존중하는 논쟁학습, 여러 사람이 모인 집단에서 사회적인 문제를 해결하는데 서로의 의견을 교환하고 차이를 존중하면서 바람직하게 문제를 해결해 나가는 토론학습의 경험을 통해 길러진다.

이러한 능력들은 협업이면서도 경쟁하는 협업 능력이며, 이 협업 능력은 결국 한 차원 높은 창의적인 융합적 사고의 토대가 되어 협업 지성으로 발달하게 된다. 때문에 창의적인 사람은 융합적 사고를 토대로 보다 발전된 창조물을 창출한다.

정답만을 가르친 교육은 질문을 발산하는 생각을 가둔다

정답을 요하는 질문이 많은 한국 학생

한국 학생들이 질문을 안 하는 이유는 무엇일까? 일단 남들 앞에서 틀린 답을 말을 하게 될까 봐 그럴 수 있다. 자신이 덜 똑똑한 사람임을 자발적으로 남들에게 보일 필요는 없다는 관념이 강하기 때문이다. 그리고 내가 질문을 하면 남이 그것도 모른다는 비아냥을 할 수 있다는 생각과 수치심을 먼저 가진다. 이같은 사고방식으로는 미래를 대비할 수 없다. 우리나라에서는 선생님에게 수강생이 질문을 던질 때 생각을 묻는 질문보다는 정답을 요하는 질문이 많다. 선생님 또한 수강생에게 생각을 요하는 질문보다는 정답을 묻는 질문을 던진다. 이같은 한국의 교육문화는 늘 정답을 맞혀야 한다는 생각이 생각을 지배하기 때문에 생긴다.

그런데 학생들이 질문을 안 하는 데는 이보다 더 깊은 이유가 있을 듯하다. 결론부터 말하면, 학생들에게 있어 공부하는 내용 중 궁금한 것이 없을 가능성이 높다. 어린 시절부터 공부의 목적은 선생님의 말씀을 잘 듣고 기억해서 시험을 잘 보고 좋은 성적을 얻는 것에 있다. 그래서 사회적 평판이 더 높은 상급학교에 진학하는 것이 최상의 목표일 뿐, 지식의 생성과정 자체는 별로 중요하지 않다고 여기는데 문제가 있다. 그러니 궁금증을 지니는 것 자체가 차단된 셈이다. 공부한 내용이 당연히 정답이기 때문에 공부한 내용에 대해 '왜(?)'라는 의문을 가질 필요가 없고, 결국 질문이 있을 리 없어 생각을 창고에 가둘 뿐이다. 정답만을 중시한 교육의 결과, 결국 학교에서 치러지는 형성평가나 총괄평가 등에서도 배운 지식을 얼마나 잘 기억하고 있는가를 측정하는 경우가 주류를 이루고, 지식 생성과정의 원리를 밝히고 지식을 적용하는 수행 능력을 측정하는 평가에는 소홀히 하고 있다.

정답만을 가르치는 교육은 질문이 없다

이같이 정답을 남보다 더 많이 알고 있는 사람을 길러내는 교육제도라면 제4차 산업혁명 시대를 맞이하고 있는 인재 경쟁에서 버틸 수 있는지 질문을 던져 본다. 결론만 말하자면, 정답만을 가르치고 이를 잘 기억하고 있는가에 초점을 둔 교육방식으로는 결코 미래를 대비할 수 없다.

우선 기억 재생력이 뛰어나 정답을 잘 말하는 학생보다는 궁금한 점이 많아 질문을 잘하는 학생이 훨씬 더 우수하고 창의적이라는 인식을 갖도록 하는 일이 선행되어야 한다. 교육을 담당하는 선생님은 학생들이 던지는 질문을 존중하고, 격려해주며, 관심을 보이는 등 적극적으로 반응해야 한다. 그래야 질문이 질문을 발산한다.

다음으로 학생들이 접한 질문에 대한 응답은 틀에 박힌 고정적인 사고방식에서 나온 것이 아니고 고정관념을 깨트린 다양한 문제해결 방식이 있다는 것을 깨닫게 한다. 한쪽만 보면 정답이 하나이지만, 여러 방면에서 여러모로 살펴보면 정답이 하나가 아니라 여러 가지라는 발견의 기쁨을 맛볼 수 있으며, 여러 가지 정답 가운데에서도 최선의 정답이 있다는 사실도 깨닫게 된다. 이처럼 고정관념을 깨트려 여러모로 접촉한 생각의 체화과정은 하나의 질문이 또 다른 질문을 낳고, 그 결과 생각하는 힘이 수준 높게 커가면서 익어간다.

정답만을 가르친 교육은 곧 소멸하게 되는 단순 지식만을 전수하는 일에 불과할 뿐이며 생각을 창출하는 질문을 창고에 가둘 뿐이다. 궁금증을 찾아 생각을 질문하면 사고가 숙성되어 가려져 있는 뒷면의 지혜를 볼 수 있다. 답을 가르치지 않고 질문하게 하는 것이야말로 학생들이 생각을 만들어가는 교육에 한층 다가서는 방법이다.

생각을 만들어가는 생각교육 ⑤

생각하는 힘이 능력으로 인정되어야 한다

생각교육의 두 가지 비타민

비타민은 인간이 건강한 체질을 유지하는데 필요한 영양소이다. 비타민이 너무 많아도 건강에 좋지 않지만, 표준량에 비하여 턱없이 부족하거나 없으면 건강한 체질을 유지하기 어렵다고 한다. 학교 교육에서 생각을 만들어가는 교육이 가능하기 위해서는 생각교육의 비타민이 필요하다. 그 비타민에는 크게 두 측면이 있다. 먼저 교육과정(교과서)에 대한 사고의 전환이라는 비타민이고, 나머지 하나는 교육 여건으로 선생님이 지녀야 할 조건과 함께 수업 조건이 교육의 정책적 배려의 비타민이다.

교육과정에 대한 사고의 전환

먼저 교육과정에 대한 사고의 전환이다. 학교 교육에서 금과옥조로 취급받은 교과서 역시 사고 과정의 산물이며, 또 사고를 통해

서만 습득이 가능하다. 그러나 교과서에 담긴 내용이 완결된 사고 과정이라 여긴 나머지 사고를 외면하고 획일적으로 답습한다는 측면을 부정하기 어렵다. 따라서 사고력 신장을 위한 교육은 기존 교과서의 내용을 '습득'해야 할 대상이 아니라 사고할 수 있는 바탕이 되는 자원으로 여겨 '사고'해야 할 대상으로 봐야 한다. 즉 사고를 수행할 방법 자체를 교과 내용으로 삼아야 할 것이다. 그리고 생각하는 방법 자체를 습득해야 한다는 것에는 두 가지 의미가 있다. 하나는 생각하는 방법 자체를 습득해야 한다는 의미이며, 다른 하나는 그러한 습득의 과정 자체가 사고의 훈련과정이 되어야 한다는 의미이다.

선생님의 교수조건

다음은 교육 여건적인 측면이다. 먼저 가르치는 선생님의 교수敎授조건이다. 종래의 교육은 기존의 지식을 일방적으로 전수하는 것에 중점을 두며, 학생들의 자율적이고도 창의적인 사고 과정을 소홀히 하고 있다. 교사들이 교육을 어떤 방식으로 이해하고 수행하느냐에 따라 교육의 실제 모습이 달라진다. 그런 점에서 전수해주는 교육의 내용을 달달 외우는 종래의 교육에서 사고하는 교육이 교육의 본질로 자리매김해야 한다는 선생님들의 인식 전환은 생각을 만들어가는 교육의 비타민이라 할 수 있다. 그러나 그러한 인식은 곧 사고교육에 대한 충분한 이해, 그리고 그것을 적절히 가르칠 수 있는 교수방법과 연결되지 않으면 아무 의미가 없는 것이다. 선생님들이 '사고란 무엇이며 사고력은 어떻게 길러질 수 있는가?', 또 '사고교육은 기존의 교육과 어떤 관계가 있으며, 사고교육이 가능해지기 위해서는 필요한 일들이 무엇인가?' 등을 밝혀야 하고, 이런 것들을 스스로 납득해야 한다.

선생님의 자질

교사의 자질과 관련하여 또 하나 중요한 것은 교사 개개인의 태도이다. 사고력을 신장하기 위한 교육은 그 과정 자체가 '학생들의 사고를 자극하고 발표하도록 함으로써 생각하는 태도와 방법을 익히도록 하는 것'이므로, 그러한 자발적인 사고를 유도하는 것이 무엇보다도 중요하다. 교사가 성급하거나 학생들의 미흡한 사고 과정을 인내할 수 없다면 사고력 신장 교육은 실효를 거두기 어렵다. 학생들 스스로 생각하고, 자발적으로 발표하며, 그 과정에서 각자의 생각을 검토하고 스스로 발전시켜 나갈 수 있도록 하는 수업 태도가 요청되는 바, 기존의 강의 중심, 교사가 답을 가르쳐 주고 학생들이 외우는 식의 수업 태도는 반드시 지양해야 하는 것이다.

한편 교수방법과 관련된 교사의 태도가 중요하다. 사고력을 키우기 위해 학생들에게 무엇을 요구하고 강조하느냐가 바로 그것인데, 디 앙겔로D angelo는 10가지의 수업 조건을 지적하고 있다. 그 10가지는 다양한 질문이나 문제의 해답을 탐색하는 질문으로 '지적 호기심'을 유발하고, 경험적 증거나 타당한 논의를 근거로 하는 '객관적인 의사결정 과정', 다양한 여러 신념들이 진실일 수 있다는 것을 받아들이는 '개방성', 특정 신념에 사로잡혀 있는 고정성이나 독단적 태도 및 경직성을 배제하는 '융통성', 적절한 증거가 제시될 때까지 모든 신념을 일단 의문으로 간주하는 '지적 회의성', 우리가 바라는 신념과 배치되는 것이라도 충분한 증거가 있으면 그것을 진실로 받아들이는 '지적 정직성', 결론에 이르기까지 논리적 일관성을 유지하는 '체계성', 쟁점의 해답을 얻을 때까지 끈질기게 탐색하는 '인내성', 증거가 타당하면 결론을 맺는 '결단성', 내가 틀릴 수 있고 내가 거절한 아이디어가 옳을 수 있다는 것을 기꺼이 받아들여 '타인의 입장을 존중'하는 일이다.

생각하는 힘이 개인의 능력이다

끝으로 생각을 만들어가는 교육정책이 교육의 담당자들에게 있어서 아무리 중시되고 실제로 그러한 교육적 노력이 경주되고 있다고 할지라도, 생각을 만들어가는 교육정책이 실용적이지 못하여 명령과 지시에 순응하여 생각을 전수하는 인간을 바란다면 교육적 성과는 보잘것없을 것이다. '기억하여 얼마나 알고 있는가?'라는 능력이 아니라, 호기심이 발동해 던지는 질문 능력이나 탐구와 발견 능력, 적용 능력, 생각을 요리조리 조합하여 만들어가는 교육을 통해 축적되어 생각하는 힘이 개인의 능력으로 인정받는 교육적 정책 배려가 강구되어야 한다.

생각을 만들어가는 생각교육 ⑥

선각자들은 생각을 인간이라 한다

최근까지도 트위터의 영향력이 모든 매체 중 1위이며, 세계 4위의 팔로워 보유자(64만 팔로워)이자 트위터 계의 대통령인 작가 이외수는 '새로운 생각과 새로운 가능성New Thinking, New Possibilities'을 강조하면서 늘 하던 생각은 아무것도 변화시킬 수 없으며, 새롭고 창조적인 생각을 하면서 인생 역시 창조적으로 살아가는 것이 행복하게 사는 방법이라 했다. 하지만, 그는 무엇보다 '새로운 생각'의 실천을 위해서는 '노력'이 필요하다고 했다.

선각자들의 생각에 대한 생각

선각자들은 '생각'을 어떻게 '생각'했을까?

프랑스의 시인이자 사상가인 폴 발레리는 이렇게 말했다.

"생각하는 대로 살지 않으면, 사는 대로 생각하게 된다."

영국의 마거릿 대처를 다룬 영화 《철의 여인》에서도 생각에 대한 대사가 나온다.

> "생각을 조심해, 생각은 말이 되니까. 말을 조심해, 말은 행동이 되니까. 행동을 조심해, 행동은 습관이 되니까. 습관을 조심해, 습관은 인격이 되니까. 인격을 조심해, 인격은 운명이 되니까."

무소유를 실천한 인도의 정신적 지도자인 마하트마 간디는 뭇사람에게 '생각'을 이렇게 생각하라고 외쳤다.

> "네 믿음은 네 생각이 된다. 네 생각은 네 말이 된다. 네 말은 네 행동이 된다. 네 행동은 네 습관이 된다. 네 습관은 네 가치가 된다. 네 가치는 네 운명이 된다."

세 이야기에서는 공통적으로 '생각이야말로 한 개인의 운명을 좌우하는 출발점'이라고 웅변해 주고 있다. 어떻게 생각하느냐는 어떤 결과가 도출되느냐의 단초가 된다는 인과응보의 관계식 말이다.

소크라테스는 '생각'을 어떻게 생각했을까?

"사유하지 않는 삶은 분명 가능하다. 하지만 그러한 삶은 자체의 본질을 발전시키지 못한다. 즉 그러한 삶은 무의미할 뿐만 아니라 완전히 살아있는 것이 아니다. 사유하지 않는 사람들은 몽유병자들과 같다."

이처럼 소크라테스는 사유하지 않는 삶은 살 가치가 없음을 직시했는데, 그는 인간이 생각할 때만이 인간이며 생각이 인간의 본질 그 자체임을 깨닫게 해주고 있다.

공자나 석가모니 같은 성인은 제자들의 물음에 열심히 대답하는 형식으로 제자들을 가르쳤지만, 소크라테스는 그렇지 않았다. 그는 배우는 자에게 직접적으로 지식을 주입하고 전수하는 형식이 아니라, 질문을 통해 강한 동기를 유발시켜 스스로 사유의 세계를 탐구하여 진리를 발견해내도록 하는 방법을 사용했다. 산파술을 통한 가르침이었다. 산파가 직접 아이를 낳을 수는 없지만 순산할 수 있도록 도와주는 방법이다. 산파술은 생각을 낳게 하는 훌륭한 방법이 아닐 수 없다.

지성들의 생각에 대한 생각

인류의 역사를 새로 쓴 또 다른 지성들은 어떤 생각을 하였을까? 그들은 끊임없이 '생각하는 법'을 배웠다. "당신의 생각은 무엇인가?", "왜 그렇게 생각하는가?"라고 끊임없이 물음을 던졌다.

이를테면 역사상 가장 똑똑하다고 평가받은 사람들은 어떻게 생각했을까? 아르키메데스가 물이 가득 찬 목욕통에 들어가 목욕통 안의 물이 밖으로 흘러넘치는 것을 보며 '부력의 원리'를 깨닫고 벌거벗은 채 '발명'의 기쁨인 "유레카!"를 외친 일, 뉴턴이 그의 머리 위로 떨어진 사과에서 영감을 얻어 중력의 법칙을 발견한 일, 아인슈타인이 학창 시절의 어느 날 교정에서 하늘을 바라보며 "내가 거울을 손에 들고 빛의 속도로 날면 거울에 내 얼굴에 비칠까."라고 상상한 일이나 지붕에서 떨어지는 어떤 남자를 본 일이 상대성 이론을 만들어지는 계기가 되는 등 인류 문명의 역사를 바꾼 인물들의 위대한 발견의 순간에서 떠오른 전광석화 같은 생각은 매우 유명하다.

도대체 어떻게 그런 천재적인 생각을 해낼 수 있었을까? 그들이 남보다 우월한 천재성이 있기 때문이라고 생각하기 쉽다. 그러나 우리가 놓치고 있는 것이 있다. 바로, '위대한 발견의 순간 이전에 과연 무슨 일이 있었을까?' 하는 것이다. 먼저 생각해보는 것이었다, 세상을 변화시킨 위대한 지성들은 사건과 사물 등 현상에 대해 예사롭게 여기지 않고 혁신적인 새로운 아이디어를 생각해내고, 뛰어난 통찰력을 발휘하여서 결국은 세상을 변화시킬 수 있는 '생각하는 힘'이 있었던 것이다.

이들은 천재가 본디 태어나는 것이 아닌 성장하는 것이라는 것을 인증해 주고 있다. 스스로 생각할 줄 아는 사람만이 남다른 인생을 살아갈 수 있다는 사실 그 자체 말이다.

법정 스님은 시 《존재의 집》에서 생각을 다음과 같이 읊었다.

> 말은/ 생각을 담는 그릇이다./ 생각이 맑고 고요하면/ 말도 맑고 고요하게 나온다/ 생각이 야비하거나 거칠면/ 말도 또한 야비하고/ 거칠게 마련이다./ 그러므로 그가 하는 말로써/ 그의 인품을 엿볼 수 있다./ 그래서 말을/ 존재의 집이라고 한다.

말은 생각에서 나오고, 생각에서 나온 말은 인품을 결정한다. 한 마디 말이 그릇되고 이치에 어긋나면 그 후에 천 마디 말은 한나절 햇볕에 증발하는 이슬일 뿐이다. 바르고 참된 말이 세상을 선도한다. 그래서 말은 존재의 집이라고 했다. 존재의 집은 다름 아닌 인간의 집이며, 인간의 집은 다 같은 집이 아니고 품격이 차별화된 집일 것이다. 생각은 말의 품격을, 생각은 역시 행동의 품격을, 생각은 결국 인품의 높이를 다르게 하는 위대한 탯줄임이 분명하다.

혜민 스님은 생각을 곧 인생이라고 노래했다.

> 어떤 생각을 하는가가 말을 만들고,/ 어떤 말을 하는가가 행동이 되며,/ 반복된 행동이 습관으로 굳어지면/ 그게 바로 인생이 되는 것입니다./ 그러므로 처음에 어떤 생각을 일으키고/

어떤 행동을 하는가가 아주 중요합니다.

마음이란 놈은 한 번에 두 가지 생각을 하지 못합니다./ 그래서'한 생각'이 전 우주를 막아버릴 수도 있어요./ 좋은 일이든 나쁜 일이든 처음 일어난 한 생각에서 비롯됩니다./ 그 첫 생각을 잘 단속하면 큰 재앙을 막을 수 있습니다.

그렇다. 생각은 말을 낳고, 말은 행동을 낳으며, 행동이 굳어지면, 인간을 낳게 된다. 그래서 좋은 생각은 행복을 낳고, 좋지 못한 생각은 불행은 가져온다.

생각은 인간을 만드는 그릇

우리 인간들은 자기 생각대로 매사를 선택하지만, 결과가 잘못되면 남의 탓으로 돌린다. 인간의 의지는 생각대로 움직이며, 개체가 어떤 생각을 하느냐에 따라 걸어가는 과정과 결과가 달라질 수밖에 없다. 인간의 품격 또한 달라질 수밖에 없음은 당연하다. 생각은 인간을 만드는 그릇이라 했다. 학교에서 젊은이들에게 생각을 만들어가는 교육을 해야 하는 까닭이 여기에 있다.

생각을 만들어가는 생각교육 ⑦

생각을 만들어가는 힘이 국력이다

세계교육의 방향

최근 세계교육계는 창의성 교육을 강조하고 있다. 그 창의성의 근간에는 수월성 교육이 있다. 창의적인 인재는 바로 수월성 교육으로 성장한 인재다. 세계 각국은 이 같은 인재를 키우기 위해 앞다투고 있다. 인적자본이 국가경쟁력의 인프라이며 국가의 부를 가늠하는 척도이다. 이 척도는 다름 아닌 국력으로 작용한다. 한국의 인적자본은 세계에서 어느 위치에서 머물러 있을까?

한국의 인적자본 수준은 세계 2위

한국 어린이·청소년의 인적자본 수준이 세계 2위라는 국제기구의 조사 결과를 소개하고자 한다. 세계은행(WB)이 2018년 10월 11일 인도네시아 발리에서 열린 국제통화기금(IMF)·세계은행 연차총회에서 전 세계 157개국을 대상으로 측정해 처음으로 발표한 인적자본지수(HCI) 평가에서 나온 결과다. 인적자본지수는 그 나라의 보건·교육 상태를 반영해 오늘 태어난 아이가 18세까지 얻게 될 인적 자본의 총량, 즉 미래 생산성을 계량화한 것이다. 세계은행 조사 결과 한국의 인적자본 지수(0~1 사이의 값 : 1에 가까울수록 생산성이 높은 것으로 평가)는 0.84로 싱가포르(0.88)에 이어 세계에서 두 번째로 높은 것으로 나왔다. 일본 3위, 독일 11위, 영국 15위, 미국 24위, 중국 46위 등으로 한국이 모두 앞선다. 한국의 어린 세대가 지닌 경쟁력이 이들 선진 강대국보다 우수하다는 의미다. 미래를 이끌어갈 어린 세대가 세계 최고 수준이라는 조사 결과는 고무적이다.

하지만 과연 한국 어린이·청소년들의 우수한 인적자본 수준이 이들 개인, 그리고 국가의 발전과 행복으로 이어지고 있는가를 생각하면 쉽게 고개를 끄덕일 수 없다. 아마도 한국 학부모들의 유별난 교육열에 힘입어 교육 관련 평가 요소에서 다른 나라보다 높은 점수가 나왔을 것이라 본다. 국토가 좁고 천연자원도 부족한 한국에서 사람, 즉 인적자본은 사회발전을 위한 최대의 자산일 수밖에 없다.

그러나 인적자본 수준 수치만으로 만족해서는 안 된다. 어린 세대의 우수한 경쟁력이 성인이 돼서 제대로 발현될 수 있도록 한국 교육의 방법적인 면이 개혁되어야 한다. 그러지 않는다면 세계 2위라는 인적자본 지수는 공허한 숫자 놀음에 그치게 될 뿐이다. 한국의 어린 세대가 지닌 우수한 경쟁력이 성인이 돼서도 유지되어 우수하고 경쟁력 있는 인적자본으로 자리매김하기 위해서는 학교에서 생각하는 힘을 키워야 한다고 굳게 믿는다.

선진국의 인재 확보 전략

미국에서 창의적인 우수한 인재를 확보하기 위한 방안으로 실행 중인 수월성 교육의 예를 보자. 오바마 정부의 국가과학위원회는 국가의 창의력과 STEM 정책 발표에서 '미국의 과학·기술·공학 및 수학교육 시스템의 요구사항에 관한 국가행동전략'을 공표하고 수월성 교육을 추진해 오고 있다. 이처럼 인재 확보를 위한 수월성 교육은 오바마 정부 이전부터 추진해 온 수월성 교육정책의 연장선이다. 다소 시간이 경과한 정책이지만 2005년 12월 28일 한국일보의 오피니언이란 코너에 실린 미국의 교육정책의 일면을 소개한다.

> 1983년 미국에서는 국가수월성교육위원회가 '국가 위기'라는 제목의 보고서를 발표했다. 국가경쟁력의 기본인 두뇌 경쟁력이 심각한 위기에 처해 있다고 경고한 내용이다. 수월성교육위원회는 보고서에서 21세기 지식기반사회에 대비한 지식의 창출과 그 활용이 국가 경쟁력을 향상시키는데 가장 중요한 과제임을 지적했다.
>
> 이 보고서 내용에 기반 해 1989년 당시 부시 대통령은 지적재산 경제의 발전을 위하는 취지의 '목표 2000'정책을 발표했

다. 이 정책은 미국 학생들이 수학, 과학 등 창의적 두뇌 생산성 분야에서 세계 최고가 돼야 한다는 확고한 목표를 설정했다.

최근까지도 창의적이고 우수한 두뇌를 얼마나 확보하느냐가 CEO에 대한 중요한 평가기준으로 올라 있을 정도로 미국에서는 창의적 교육이 강조되고 있다. 더욱이 미국은 국내에서 창의적이고 우수한 두뇌를 지닌 인재 양성에만 그치지 않고, 외국에 있는 우수한 인재들을 적극 유치하기 위해 우수한 두뇌를 지닌 이의 경우 이민을 적극 권장하며 최고의 우대정책을 펼치고 있다.

영국에서도 학생들의 수월성 창의교육과 문화 확산 운동을 장려하기 위해 1998년부터 국가창의문화교육자문위원회를 범부처 자문기구로 설치하였다. 이 위원회에서는 수월성 교육을 뒷받침하기 위한 수준별 교육과정을 비롯해 충분한 제반 여건을 조성해 오고 있다. 유럽연합은 2009년을 '유럽 창의성과 혁신의 해European Year of Creativity and Innovation, EYCI 2009'로 선포하고 재능 있는 인력을 발굴하고, 교육하고, 유치하는 것이 창의성과 수월성 교육에 중요하다고 선언하였다.

이웃 나라인 일본은 아예 국가 좌표를 "지적재산입국知的財産立國"으로 설정해 놓고 있다. 중국 역시 '과교흥국科敎興國'을 기치로 '기술 인해전술'을 펼치고 있고, 미국 나스닥 시장에 상장된 첨단기술기업의 3분의 1을 만들어 낸 이스라엘은 창의적 두뇌 교육만이 생존의 유일한 방안임을 인식하고 오래전부터 이 분야에 전력투구해오고 있다.

한국의 인제양성 교육의 실상

이에 비해 이 글을 쓰고 있는 2018년 10월 현재, 정부에서는 경제 역동성 회복을 위한 혁신성장과 실업자 구제를 위한 일자리 창출 지원 방안, 기업경쟁력 확보, 신 성장 동력 산업 핵심 전략 확보 등 우리나라의 경제를 걱정하며 정책을 내놓고 있다. 그렇다면 미래 한국경제의 한 축을 담당할 교육정책에서는 어떤 대안을 제시해야 바람직한 것인지에 대한 질문을 던져 본다. 필자는 이 물음에 대한 대답을 이렇게 정리한다.

먼저, 제4차 산업혁명시대에 입문하고 있는 시점에서 우리나라의 교육과제를 밝혀보는 일이 우선이다.

오늘날 지식기반사회를 선도하고 있는 미국의 국가자산은 70% 이상이 무형자산이라고 한다. 즉 두뇌에서 생산되는 지적재산인 것이다. 실제로 빌 게이츠는 오직 지적재산만으로 세계 최고의 갑부가 되지 않았던가? 어떻게 보면, 오늘날 우리 경제의 어려움은 본질적으로 봤을 때 우리 국민의 지적재산 생산기능이 제대로 발휘되지 못했기 때문일 수도 있다. 그렇다면 경제 살리기의 근본 대책 역시 두뇌 생산성을 높이기 위한 방안으로 생각을 만들어가는 교육에 역점을 둔 교육정책으로 제시해야 한다.

물론 우리나라에서도 제7차 교육과정부터 창의적인 인재 양성을 국가 수준 교육과정에 명문화한 이후 '미래사회에 능동적으로 대처할 수 있는 창의적인 한국인 육성'을 주된 목표로 설정하고, 초·중등 교육과정을 대폭 개정하여 추진하고 있다. 2010년 교육과학기술부는 제1추진과제를 창의교육 강화로 설정하고, '창의·인성 교육 기본방안'을 발표하였고, '2009 교육과정 개정(창의적 체험활동 신설·필수교과 축소·집중이수제 도입 등), 입학사정관제 강화, 학교 다양화·자율화 등 입시와 교육과정에 이르기까지 종합적으로 접근해 왔다. 2015 개정 교육과정에서도 이같은 방침을 강조해 오고 있다. 그리고 '창의적 인재 양성을 위한 수월성 교육 종합대책'을 발표한 지도 오래다.

최근 한국 교육은 어처구니없게도 수월성 교육의 한 방향인 자사고·특목고 폐지를 둘러싼 논쟁이 한창이다. 자사고 폐지라는 열차가 가속도를 내고 있다. 한계를 넘어선 듯한 이 논쟁의 방향은 진보교육감들이 선거공약으로 내세웠다는 것 자체만으로, '충분한 논의' 없이 '짧은 시간' 안에 폐지하는 쪽으로 가고 있다.

지금 한국 교육은 자사고를 왜 폐지해야 하는지에 대한 근본적이고 분명한 이유도 없이 그것을 추진하고자 한다. 이는 앞으로 한국 교육이 어디로 어떻게 가야 하는지에 대한 대답도 없이 방향성을 잃은 채 걸어가고 있다는 느낌을 준다. 물론 나름대로 '평준화'라는 이름으로, 또한 고교를 서열화하고 입시기관으로 탈바꿈시키는 부작용 때문이라고 자사고 폐지의 근거를 펴고 있으나 그것만으로는 부족하다. 일부분이기는 하지만 자사고와 특목고가 차지해온 수월성 교육의 성과를 대체할 또 다른 정책이 마련되었는지 궁금하다. 한쪽 면만 보는 것과 양쪽 모두를 보는 것은 사뭇 다르다.

너무나 단편적일까? 필자의 생각에, 지금까지 창의적인 인재 양성을 위한 우리나라의 창의성 교육은 구호에만 급급해 왔다. 창의성 교육을 실질적으로 학교 교육과정에 녹여내 교육 현장에서 실천하고 있는지, 그리고 그 성과는 가시적이었는지 37여 년간 교육 현장에서 재직해 온 필자로서는 긍정인 평가를 하기 어렵다.

인재가 국력

메이지대학교 문학부 교수인 사이토 다카시는 '생각하는 힘'을 '이론을 세울 수 있는 능력과 문제를 해결할 수 있는 능력', '새로운 계획을 세울 수 있는 능력', '정보를 다룰 수 있는 능력'이라고 주장하고 있다. 이 능력은 새로운 생각을 해내는 능력으로 창의력을 구성하는 속성이기도 하다. 이처럼 생각하는 힘은 학교 교육에서 길러지고 있으나, 실질적으로는 이념적인 구호에 벗어나지 못하고 있는 모양새다. 생각하는 힘은 AI 시대를 이끌어 갈 마력이다.

제4차 산업혁명을 접하는 세계의 각 국가는 미래의 먹을거리로 꼽히는 신산업 분야에서 인재 쟁탈전을 치열하게 전개하고 있다. 두뇌 개발 전쟁 대열에 동참한 우리나라의 교육 방향에 질문을 던진다. 가장 근접한 대답은 이렇다. 생각을 만들어가는 교육 프로그램을 교육과정화하고 교육 현장에 적용하는 것. 그렇게 된다면 창조적 두뇌 입국은 꿈으로 끝나지 않을 것이다. 창의적 인재가 양성되어 지적재산이 꽃을 피울 때 비로소 현재 국가정책의 최우선 과제인 우리나라 경제의 불확실성을 줄이는 것이 가능할 것이다. 즉 인재가 경제고, 인재가 국력으로 자리매김하는 것이다.

제 II 장

생각 디딤돌
: 생각 만들기 아이디어

어떻게 가르쳐야 생각을 만들어가는 교육일까

불확실한 단서가 있는 질문은 생각이 생각을 낳고 차별화를 낳는다

감성이 풍부한 사람은 생각도 잘한다

생각을 만드는 것은 동심의 특권인 호기심이다

상식의 반대편을 관찰하면 창조가 시작된다

남과 다른 나는 생각의 차이이다

영재는 개인차를 존중할 때 태어난다

생각이 많은 학생은 질문을 많이 한다

독서는 생각의 폭을 넓힌다

글쓰기는 생각 쓰기다

지적 탐구심을 유발하도록 유연한 사고를 가르쳐야 한다

질문하지 않는다면 결코 대답을 얻을 수 없다. 질문은 생각에서 나오고 답도 생각에서 나온다. 그래서 모든 것에 의문을 갖는 질문은 생각의 꼬리로 이어진다. 그 생각은 인간의 혁신을 가져오고, 새로운 창조물을 만들어낸다. 스스로 질문하고 스스로 대답하는 어린이는 생각이 많은 어린이다.

생각을 만들어가는 생각교육 ①

어떻게 가르쳐야 생각을 만들어가는 교육일까

인간이 다른 동물과 구별되는 보편적인 기준은 사유 능력과 공감 능력이다. 그 덕분에 인류는 신체의 연약함을 극복하고 문명을 이루고 문화를 발달시켜 왔다. 그런데 지금은 문명과 문화 발달의 숨 가쁜 혁신 속에서도 대부분의 인간이 폭주하는 정보에만 의지하고 생각하려 하지 않으며, 자극은 넘쳐나는데 이를 소화하는 감성은 메말라가고 있다. 이는 딱딱한 첨단 정보사회에서 야기되는 '나만을 우선하는 이기주의'와 '나와 더불어 너희들과 함께하는 지성의 힘과 동행 능력이 부족하기 때문'이다. 갈수록 생각교육이 필요한 이유이다.

성공적인 개체의 정체성은 생각이다

독일 출신의 미국의 심리학자 에릭슨1902-1994, Erik Homburger Erikson은 모든 유기체는 특정한 목적을 갖고 태어났고, 성공적으로 발달하면 이 목적을 완수한다고 보는 후성설後成說을 주장했다. 그는 청소년 시기에 해야 할 주요한 두 가지 과제가 있다고 말했다. 하나는 자신이 어느 집단에 속하여 그 집단의 책임과 의무를 완수하는 '소속감의 발현'이고, 다른 하나는 가족의 울타리 밖에서 새로운 것을 찾아보려고 시도하는 '탐색'이다. 이 두 가지를 모두 잘 해내면 성공적인 정체성을 형성하는데, 만일 소속감만 발현했을 뿐 탐색할 용기가 없으면 '정체성의 조기 마감'이 일어난다. 부모나 사회가 정해준 '너는 이런 삶을 살아야 해.'라는 것만 지킬 뿐, 그 외의 다른 것에 대해서는 시도해 볼 엄두를 내지 못한다. 이런 연유로 우리가 저지르기 쉬운 죄 가운데서도 최악의 죄는 아동의 정신을 불구로 만드는 것이다.

부모의 욕심대로 정형화된 인격체를 만들어가거나 학교에서 정형화된 규격 인간을 양산해서는 안 된다는 꾸짖음이자, 모든 인간이 자신의 개성대로 꿈을 만들어가는 생각교육의 중차대함을 일러주고 있다.

생각을 어떻게 만들어가야 할까

생각을 어떻게 만들어가야 할까? 즉 어떻게(How)이다. How를 다시 세 개의 질문으로 나누었다. '생각을 만들어가는 단초는 무엇일까?', '생각을 만들어가는 주체는 누구일까?', '생각을 만들어가는 힘을 무엇이라고 정의할 수 있을까?'가 바로 그것이다. 첫 번째 질문의 답은 질문으로부터 시작하는 교육, 두 번째 질문의 답은 교사이건 학생 자신이건 부모이건 간에 물음을 던지는 사람이며, 세 번째 질문의 답은 창의력일 것이다.

한국 교육의 단상

앞서 밝힌 '어떻게'의 세 가지 질문에 초점을 두고 생각을 만들어 가는 우리나라 교육을 더듬어 본다.

핀란드에선 교사가 문제를 내주고 정답을 말하지 않는다고 한다. 아이들끼리 각자 정답을 정하고 설명하는 과정 속에서 스스로 생각하는 힘을 길러주기 위함이다. 가르치지 않고도 배우는 최고의 교수기법이라고 생각한다.

우리나라는 어떤가? 물론 우리나라의 교실 현장에서도 교사의 질문이 있다. 평가 문항에도 물음이 있다. 그러나 물음에 대한 해답을 밝히기까지의 방법이 다르다. 우리나라에서는 나열한 것 중 물음에 맞는 것이나 틀린 것 고르는 객관식, 괄호 안에 맞는 말 써넣기 등의 방식으로 진행된다. 객관식 위주의 단편 지식을 누가 더 많이 알고 있는가를 판가름하는 일이 우리나라의 생각하는 교육의 단면이다. 그리고 지식을 많이 알고, 많이 맞추면 창의력이 뛰어나다고 한다. 그 결과 학력이 높다고 한다. 즉 우리나라는 생각하는 힘을 학력의 잣대로 평가하지 않고, 단편적인 지식을 많이 외우고 기억하고 있는 지식을 물음에 대한 답으로 산출해내는 능력을 학력으로 평가하고 있다.

아무래도 필자가 우리나라의 현실을 혹평하고 있지 않나 생각한다. 그러나 앞서 나열한 것은 엄연한 사실이다.

일례로 우리나라의 대학수학능력시험 평가문항과 호주의 대학수학능력시험 평가문항의 차이점을 밝혀 본다. 우리나라 수능의 답안은 OMR카드에 작성하여 자동화된 기계로 채점이 이루어져서 그 결과를 알기까지 많은 시일을 필요로 하지 않는다. 그러나 호주에서는 교과별 문항이 단순 사실을 묻는 내용이 아니다. 생각하는 힘이 융합된 지식을 묻고, 서술형으로 답안을 작성할 것을 요구하기 때문에 이를 분석하여 결과를 측정하기까지 많은 채점 요원과 많은 시일을 필요로 한다. 다행히 교육부에서는 2019년 현재 초등학교 4학년이 미래에 대학수학능력시험을 치를 때가 되면 통합적 사고력과 창의력을 측정할 수 있는 논·서술형 수능의 도입 가능성을 밝히고 있다.

단견이지만 우리나라와 호주의 수능 행태를 견주어 보면 생각을 만들어가는 교육 방법과 생각을 만들어가는 주체가 다르다, 그래서 생각하는 힘이 다를 수밖에 없다. 즉 학교 교육의 방법에서 차이가 있다. 우리나라 학생들은 학교평가에 출제될만한 지식을 많이 외우고, 또 잊지 않도록 반복하여 외우는데 급급한 나머지 공동사고로 문제를 해결해가는 집단지성 교육은 이루어질 수 없는 교육환경이다. 선생님이 일러주는 지식은 시험에 잘 출제될 만한 내용이고, 학생은 전달된 내용이 기재된 교과서에 밑줄을 긋고 이를 외우는데 시간을 많이 할애하여 최대의 효과를 창출하면 만족한다. 그러니 교사의 발문과 학생의 질문이 필요할까? 교사가 발문하고 학생이 질문하는 시간은 오히려 수업의 방해 요소로 작용했을 것임은 두말할 나위가 없다.

한국과 선진국 교육 방법

미국 윌리엄메리대 김경희 교수(2019)는 창의력에 대해 이렇게 주장하고 있다. 노벨상 수상자들의 교육환경을 연구한 끝에 얻어낸 결론으로, 높은 지능지수와 창의력은 상관없고 지능이 낮고 공부를 못해도 한 가지를 독창적으로 잘할 수 있는 능력이야말로 창의력이라는 것이다. 그리고 동양과 서양 학생들의 시험성적, 창의력 등을 비교·분석한 연구 결과에 따르면, 국제학업성취도평가(PISA) 같은 시험점수는 동양 학생이 더 높지만, 창의력 지수나 독창성 등은 서양 학생이 더 높다면서 시험은 진짜 실력과는 상관이 없다고 주장했다.

주입식 교육을 탈피하고 창의력을 키워 인재를 양성하기 위해 교육개혁을 한다면 그 초점은 어디에 두어야 할까? 아무래도 교육 방법 면에서는 생각하는 힘을 키우는데 초점을 두어야 한다고 말할 수 있다.

일본의 시립 카이세이 중고등학교에서 시행된 깊은 사고가 어우러진 탐구식 수업사례를 살펴본다. 카이세이 중고등학교에서는 함께 사는 사회생활을 주제로 '정보화 시대의 장단점'을 밝히는 토론 수업을 진행하였다. 그 수업의 지향점은 앵무새처럼 따라 하는 수업은 듣기만 하고 즐거움이 없는 수업에서 벗어나는 것이다. 정해진 공식만으로는 새로운 지식을 발견할 수 있는 힘이 길러지지 않기 때문에, 이를 타개하기 위한 방법으로 자기주도적 학습 능력을 지닌 학생들이 탐구식 수업에서 공동사고로 토론 주제를 해결해 가는 학습 방법을 사용했다. 이는 학생이 주도하여 교사가 덜 가르치고 학생이 더 생각하게 하여 학습을 만들어가는 방법이다. 이와 같은 수업 방법을 한시적이 아니고 빈번히 가지겠다는 것이다.

교육의 선진국인 핀란드에서는 프로젝트 기반의 협력수업을 전체 수업 비율의 3분의 1 수준으로 끌어올리는 것을 실천하고 있다. 기존의 암기와 주입식 수업으로는 제4차 산업혁명 시대가 요구하는 인재를 양성할 수 없다는 위기감이 교육계를 변화시키고 있는 것이다. 핀란드에서 이루어지는 프로젝트 수업의 일면을 소개하면, 교사가 세계지도를 펴주면서 종교의 성지를 세 곳 이상을 찾고 그곳을 성지라고 부르는 까닭을 밝히라는 주제를 학생들에게 주고, 학생들은 그 주제를 토론한다. 이것이 토론식 수업의 진행 방법이다.

프랑스의 '2013 프랑스 교육개혁'은 교육과정심의위원회에서 교육과정 개편을 주도하였다. 심의위원회에 속한 위원을 뽑을 때, 시민사회 현장과 괴리가 있는 교육행정가는 제외하고 교육 현장과 관련이 있는 인사를 뽑았고, 그들은 교육개혁에 심력을 기울이고 있다. 그리고 모두가 만족할 수는 없으나 비난을 최소화하는 방안으로 접근했다. 교육기법 면에서 프랑스의 교육개혁은 이념에 치우치지 않고 다양한 인재를 선발하고 학생 중심의 다양한 교육기법을 창안하여 인재를 양성하는데 주안점을 두고 있다.

한국이 지향할 생각교육

궁극적으로 21세기에 필요한 인재 역량을 키우기 위해 우리 교육은 어떻게 해야 하나? 이 물음에 좋은 해답이 나와야 한다. 우리나라는 김영삼 대통령 시절 5.31 교육개혁으로 학력고사를 없애고 수능으로 대체한 이후 진솔한 교육개혁이 없었다. 대학수학능력시험 제도만 바뀌었지, 학교의 교육 방법 면에서는 커다란 변혁 이슈가 없다.

5.31 교육개혁 당시 열린교육 운동이 폭발적으로 일어날 듯했지만, 얼마 지나지 않아 운동은 활력을 잃고 급작스럽게 형식화, 획일화, 관제화되고 쇠락의 길을 걸었다. 이것은 한국 교육에 커다란 변혁 이슈가 없다는 것을 명징하게 보여준 사례이다. 열린교육 운동은 이후 하락세가 계속되어 순수한 운동가들이 등을 돌리게 되었고, 2000년도에 이르러 '교실수업 개선'으로 그 이름마저 바꾸게

된다. 이를 통해 자생적 운동은 거친 황야에 피는 '들꽃'처럼 그대로 놓아두어야 그 생명력을 유지하고 제 빛을 발휘한다는 큰 교훈을 얻을 수 있었다.

다만 5.31 교육개혁 출발 이후, 교육사조 내지 교육철학으로 대두된 구성주의 교육, 정보화 교육이 한국 교육의 방향이나 교육기법으로 유지해 오고 있으며, 최근에는 정보화 교육이 테크닉적인 교육을 뛰어넘어 컴퓨터적인 사고력을 키우는 코딩교육cording-education으로 발전해 나가고 있다.

우리나라의 일산 킨텍스에서 3일간2019.10.23.~10.25.의 일정으로 열린 한-OECD 국제교육컨퍼런스에서 안드레아스 슐라이허 OECD 교육국장은 한국 학생들의 경우 학업성취도에 비해 삶의 만족도가 최저 수준인 점에 주목했다. 그리고 그는 성공의 기준을 학업성취도에서 '삶의 질 향상'으로 재정의되어야 한다고 강조했다. 즉 한국 교육이 세계 최고 수준의 교육시스템으로 전환되려면 선택된 소수 학생을 위한 높은 수준 학습에서 벗어날 것을 요구했다. 그리고 모든 학생이 높은 수준의 학습을 받는 교육방식을 지향해야 하며, 반복적인 인지능력 학습에서 복잡한 방식의 생각과 행동, 집단적 학습 능력을 키우는 교육과정을 요구했다.

이제 우리나라는 '어떻게 가르칠 것인가'의 지향점을 바꿔야 한다. 집어주고. 먹여주고. 넣어주는 교육에서, 이끌어내고, 발견하고, 계발하는 힘을 키우게 하는 '생각하는 교육'으로 바꿔야 한다.

생각은 태어나는 것이 아니라 만들어지는 것이다.

생각을 만들어가는 생각교육 ②

불확실한 단서가 있는 질문은 생각이 생각을 낳고 차별화를 낳는다

불확실한 단서가 있는 질문 '왜', '어떻게'

아이들의 생각은 '왜'의 다른 말인 의문으로부터 출발하고, 의문은 질문이라는 방법으로 해답을 찾아 달린다. 달리 말하면 의문에서 출발한 질문은 생각의 깊이와 폭을 넓히면서 달린다. 그렇다고 모든 질문이 학생들에게 생각의 깊이와 폭을 넓혀주는 것만은 아니다. 질문 나름이다. 학생들의 생각의 깊이와 폭을 넓혀주는 질문은 불확실한 단서가 있다. 불확실한 단서가 있는 질문은 '왜?', '어떻게? '의 속성을 함축하고 있다. '왜'는 생각의 싹이고 탐구의 출발점이며, '어떻게'는 생각을 추구해 가는 길이다. '왜'와 '어떻게'는 눈에 보이지 않은 불확실한 단서로 강한 호기심이 발동하고 있는 실체이다.

필자가 2000년에 광주광역시 북구의 어느 초등학교 4학년 담임교사로 재직할 당시의 사례로, 질문의 깊이만큼 생각을 만들어가는 깊이도 달라진다는 것을 접할 수 있었다.

우리나라 모습이 자세히 나타난 지도를 보도록 한 이후에 "다윤이는 엄마와 함께 이번 여름방학 동안에 제주와 서울 등 두 곳을 선택하여 여행을 가기로 약속했다. 여러분 같으면 우리 학교에서 출발하여 제주자치도의 제주와 서울까지 어떤 방법으로 각각 갈 수 있는지 여러모로 궁리하여 다양한 방법을 말하세요."라고 질문을 던졌다.

질문에 응답한 아이들의 행태를 미리 짐작하면 다음과 같은 분석이 가능하다. 아이들은 잘 알고 있거나 기억하고 있는 내용을 물으면, 처음에는 척척 응답을 잘한다. 그러나 일정한 시기가 지나면 아이들에게 질문을 던져도 질문에 대꾸하지 않는다. 그 까닭은 잘 알고 있거나 기억하고 있는 질문이니 흥미가 없기 때문이다. 이와는 다르게 기억하고 있는 내용이 아닌 모르는 내용을 질문하면 아이들은 더더욱 질문에 무관심하고 오히려 역반응으로 대꾸까지 한다.

이처럼 기억하고 있는 단순한 생각을 묻는 질문이나 단답형을 요하는 질문에 익숙해 있는 아이들은 쉽게 입을 닫는다. 이 아이들은 생각이 없기 때문이다. 사실 생각이 없는 것이 아니라, 생각을 유발하는 질문을 어른들이 던지지 않은 탓이다. 그러나 똑같은 지식을 요하는 질문일지라도 '왜?'와 '어떻게?'를 활용한 질문을 던진다면 생각을 발산하여 생각의 폭과 깊이를 더할 수 있다. 즉 '왜'와 '어떻게'를 활용한 불확실한 단서가 있는 질문을 던지면 생각이 생각을 낳고, 생각은 차별화를 낳게 된다. 물음은 하나일지라도 여러모로 생각하면 여러 가지 경우의 수를 만들어 낼 수 있다. 구체적으로 '우리 학교에서 출발하여 제주와 서울까지 가는 방법'을 해설하면서 실증해 본다.

5분 정도의 생각할 여유를 주고 응답하도록 하였다. 한 학생이 생각한 전부를 말할 수는 없었으나 두 가지 이상의 유형을 말할 수 있었고, 학생들의 응답 내용은 다음과 같이 정리할 수 있었다.

먼저, 우리 학교에서 출발하여 제주까지 가는 방법은 대략 다섯 가지 유형으로 응답이 나왔다.

-우리 학교에서 목포까지 달리거나 걸어서 이동⇒배 타기⇒제주항에 도착

-우리 학교에서 목포까지 버스나 승용차로 이동⇒배 타기⇒제주항에 도착

-우리 학교에서 목포까지 기차로 이동⇒배 타기⇒제주항에 도착

-우리 학교에서 광주공항까지 이동하기⇒비행기 타기⇒제주공항에 도착

-우리 학교에서 무안공항까지 버스나 승용차로 이동⇒비행기 타기⇒제주공항에 도착

다음은 우리 학교에서 출발하여 서울까지 가는 방법은 일곱 가지 유형으로 정리가 가능하였다.

-우리 학교에서 서울까지 달리거나 걸어서 이동
-우리 학교에서 광주공항까지 이동⇒김포공항에 도착⇒서울에 도착
-우리 학교에서 광주종합버스터미널까지 이동⇒고속버스 타기⇒서울에 도착
-우리 학교에서 승용차로 이동⇒서울에 도착
-우리 학교에서 목포까지 기차로 이동⇒배 타기⇒인천항에 도착⇒서울에 도착
-우리 학교에서 송정리역으로 이동⇒열차 타기⇒서울에 도착
-우리 학교에서 무안공항까지 버스나 승용차로 이동⇒비행기 타기⇒김포공항에 도착⇒서울에 도착

이 사례는 위대한 발명품이 아니다. 어른들의 수준에서는 단순한 인문학적 소양에 지나지 않을 것이다. 그러나 초등학교 4학년 수준에서도 이처럼 수많은 생각을 발산하게 되어 어른들이 미처 고려하지 못한 차별화된 생각을 접하기에 이른다.

지식지도는 새로운 생각을 만들어간다

문제해결 활동에서 지식의 역할은 매우 중요하다. 특히 문제를

발견하고, 문제해결의 실마리를 찾고, 해결된 내용을 표현하는 경우 지식의 역할은 매우 중요하다.

지식은 창의력과 상상력과 논리적 사고력에 살을 붙이고 풍부하게 하는 역할을 한다. 그래서 지식을 축적하는 일 또한 매우 중요하다. 그렇다고 무턱대고 지식을 쌓는다고 좋을 것은 없다. 이럴 때 유용한 방법이 있다. 그 대표적인 방법은 퍼즐을 엮어가는 것이다.

다음과 같이 퍼즐을 엮어 응답하기에 이르는 질문은 앞서 예시를 든 질문과는 결이 다소 다르다. 앞서 제시한 질문은 주어진 물음에 우리나라 전도를 살펴서 상상력을 발휘하여 응답을 캐낸다. 그렇지만 공통점은 불확실한 단서가 주어진 질문이라는 것이다.

퍼즐을 엮어 응답에 이르게 하는 질문은 단순하거나 단편적이지만은 않다. 하나하나의 지식은 다른 지식과 연결되면서 확대·재생산되는 성질을 갖고 있다. 따라서 평소에 지식을 신경망처럼 연결해 두어야 언제, 어느 상황에서든 당당히 문제에 맞설 수 있다.

이번에 제시할 것은 <퍼즐을 엮어 응답에 이르는 질문>이다.

"사람들과 공통으로 관련된 것은 무엇일까?"

① 아프로디테 ② 아이작 뉴턴 ③ 빌헬름 텔 ④ 스티브 잡스

이 질문에 대한 응답을 하기 위해서는 독서를 많이 했거나 다양

한 정보를 섭렵하여 인문학적 소양이 어느 정도 갖추어야 한다. 그런 학생이라면 '사과'라고 즉답할 수 있다. 이는 지식이 구조화되어 통합적인 사고로 얻어진 결실이다.

생각을 만들어가는 또 다른 방법도 있다. 여태까지 접했던 지식으로도 '사과'라는 답이 떠오르지 않는다면, 하나하나의 인물을 분석하고 퍼즐을 엮어가는 것이다. 그 과정에서 응답이 '사과'로 좁혀진다. 이 질문 역시 '왜' 사과인가, '어떻게' 해서 '사과'라는 답에 이르기까지를 밝히는 불확실한 단서가 있는 질문이다.

① 아프로디테 : 트로이 전쟁 - 브래드 피트……파리스의 사과로 인한 아프로디테의 질투가 트로이 전쟁의 원인이 된다.

② 아이작 뉴턴 : 자유낙하의 중력 - 만유인력의 법칙……나무에서 떨어지는 사과로 인해 아이작 뉴턴은 중력 법칙과 만유인력의 법칙 발견의 실마리를 얻게 된다.

③ 빌헬름 텔 : 오스트리아에 대한 저항 - 프리드리히 실러……빌헬름 텔은 아이의 머리 위에 사과를 얹고 화살을 쏘게 된다.

④ 스티브 잡스 : 애플컴퓨터 - 아이팟과 아이폰……스티브 잡스의 애플컴퓨터의 로고는 사과다.

퍼즐로 엮은 지식은 서로 다른 지식이 연결되면서 새로운 지식을 만들어가는 과정을 일목요연하게 보여주게 된다. 이 방식을 지식지도Knowledge Map라고 한다. 지식지도는 지식을 신경망처럼 연결하는 방법 중 하나이다. 이 방법을 통해 우리는 지식을 좀 더 체계화할 수 있고, 좀 더 오래 기억할 수 있으며, 보다 생산적인 지식 시스템을 구축할 수 있게 된다. 인물의 공통점을 찾는 물음처럼, 불확실한 단서가 주어진 질문일지라도 응답에 이르기 어려운 경우가 많다. 그 까닭은 평소에 얻은 지식을 그저 별개의 지식으로 저장해 두어서 그 지식이 어디에 있는지 가늠할 수 없고, 그 결과 흩어진 지식으로 변질되었기 때문이다. 이 지식은 오히려 독이 될 수 있는 지식이다.

신경망으로 연결되어 있는 지식지도는 상상력 증진은 물론 새로운 지식을 만들어가는 데 매우 유익하다.

'왜', '어떻게'는 창의성의 출발

본디 어린이들의 상상력은 어디에서 오는 걸까? 어린이의 눈이 반짝거리는 건 호기심 때문이다. 보이는 게 다 신기하다. '왜'와 '어떻게'가 발동하기 때문이다. 반대로 나이가 들어가면서 반짝임이 사라지는 것은 설렘을 잃어서다. '왜'와 '어떻게'가 머릿속에서 지워지기 때문이다. 호기심이 없으면 창의력도 없다. 호기심은 국어사전에 '새롭고 신기한 것을 좋아하는 마음'이라고 적혀 있다. 국어사전에 수록된 많은 낱말 중 하나의 낱말에 지나지 않은 '호기심'은 세상을 바꾸는 엄청난 에너지다. 오늘날 교육 현장에서 이 에너지를 발동시키는 수단으로 회자되는 말이 있다. 다름 아닌 '질문이 있는 교실'이다. 질문이 있는 교실이 추구하는 궁극적인 이상은, 호기심의 산물인 창의성을 키우는데 있다. 창의성을 키우는 것에 초점을 둔 질문이 있는 교실은 '왜'와 '어떻게'로부터 출발한다. '왜'와 '어떻게'는 원시 인류 때부터 제4차 산업혁명시대까지 계속 진보해 왔다.

생각이 생각을 낳아 차별화를 낳는다

이를테면 옛날 원시인들은 수렵하고 채집한 식량을 날것으로 먹었다. 그 이후로 두뇌의 발달로 불을 발명하여 음식을 익혀 먹었다. 이러한 변화가 꾸준히 이루어져 오늘날에는 전기밥솥이 생겨나게 되었고, 알곡의 종류에 따라 찰진 밥, 현미밥, 잡곡밥을 지을 수 있도록 첨단화되었다. 그리고 필요한 시간에 맞춰 입맛에 맞는 밥을 지을 수 있도록 하는 인공지능AI 맞춤형 전자밥솥까지 등장했다.

다른 사례로 안방에서도 환경오염에 대한 우려를 불식시키고 쾌적한 환경에서 생활하고 깨끗한 공기를 마실 수 있도록 인공지능 공기청정기가 개발되었으며, 물을 깨끗하게 마실 수 있는 정수기 역시 우리나라의 기술로 생산되어 세계 시장에 등장했다. 인공지능 공기청정기는 어느 시간에 실내 공기가 많이 오염되었는지, 어떨 때 공기청정기를 많이 사용하는지 등을 스스로 학습한다. 예를 들어 매일 오후 8시쯤 가족들이 다 함께 거실 소파에 모여 앉는 경우가 많다면 자동으로 각도를 소파에 맞추고 7시 55분부터 공기청정을 시작한다. 정수기가 지니고 있는 첨단 기능의 일부도 소개한다. 혼자 사는 노인의 경우 48시간 동안 물을 마시지 않으면 보호자에게 연락이 가도록 하는 인공지능 정수기가 판매까지 이르게 되었다고 한다. 2018년 9월 4일 보도이다. 하지만 이 같은 이야기들은 몇 해가 지나면 묵은 지식 또는 아주 오래된 이야기로 기억에 남을 뿐이다.

이러한 발전은 '왜'와 '어떻게'에 대한 확실한 답을 찾기 위해 다른 생각을 가진 사람들이 꾸준히 생각을 주고받았기에 가능했다. 생각이 모두 같으면 어느 수준에 머물러 발전이 없다. 그러나 모든 사람은 생각의 깊이와 생각의 양이 다르기에 보다 진보한 생각이 발전하여 고차적인 생각을 하기에 이른다.

생각을 만들어가는 생각교육 ③

감성이 풍부한 사람은 생각도 잘한다

두 가설에서 비추어 본 우리나라 학생들의 감성지수 단상

"왜 공부를 하나?"

"부모님이 원하기 때문에."

"부모님이 자네 인생을 살아주는 것은 아니지 않나?"

"지금까지 오로지 판·검사가 되기를 기도하면서 나를 키워 왔는데 실망시킬 수는 없다."

"고시에 합격하면 판·검사를 계속할 건가?"

"살아계실 동안은 부모님을 따를 생각이다."

한 기업인이 들려준 얘기다. 한 고시촌에서 우연히 고시 공부하는 학생을 만나 직접 나눈 대화라고 한다. 이 내용은 2010년 10월호 주간동아에 어느 기자가 쓴 원고로 필자가 접했다.

이 얘기는 부모의 의지에 자녀의 인생을 끼워 맞추는 습관, 자신이 살아온 경험에 자녀의 생각을 일치시켜야 한다는 고정관념. 그 결과 자녀가 자아를 잃은 채 부모의 영혼에 속박되어 살게 된다는 것이다, 자아를 잃은 채 살아가는 사람들은 외부 세계의 자극을 받아들이고 이를 느끼는 성질을 일컫는 감성감수성sensibility을 기를 수가 없다.

인간이 다른 생명체보다 우월하다는 가설 두 가지를 논담으로 제기한다. 그중 하나는 인간과 침팬지의 유전자는 2%만 다르다는 것이다. 많은 사람들은 98%가 다르고 2%만 같은 것으로 생각한다. 그렇게 보면 2%의 차이가 동물과 인간을 구분하는 셈이다. 이 2%의 차이는 추론과 공감 능력이라고 한다. 이 능력은 다름 아닌 인간의 감성에 근거하고 있다고 한다. 이 가설은 다음의 두 번째 가설이 부연해 설명해주기도 한다.

이 세상에는 DNA에는 30억 가지가 있는데, 이 가운데 사람의 특성을 결정짓는 DNA는 0.1%에 불과한 것이라고 한다. 이 0.1%는 사람마다 지니고 있는 감성의 차이가 아닐까 한다. 왜냐하면 사람이 지니는 감성지수EQ는 사람마다 차이가 있기 때문이다. 감성지수는 자기의 감정을 통제·조절하는 능력과 긍정적인 생각을 유지할 수 있는 능력, 남을 배려하고 공감할 수 있는 능력, 집단 속에서 조화와 협조를 중시하는 사회적 능력으로 '마음의 지능지수'라고 일컬으며, 이 지수는 사람마다 다르다. 감성지수는 미국의 행동심리학자인 대니얼 골먼이 창시했는데, 그는 인간의 총명함을 결정하는 것은 지능지수IQ가 아니라 감성지수EQ라고 제창해 커다란 반향을 일으켰다. 그는 학생들로 하여금 감각기관을 자극하는 대상을 느끼고 그것에 대한 이미지표상를 갖도록 감성 능력을 키우도록 유도해야 한다고 했으며, 그것에 도움이 되는 보고, 듣고, 맛보고, 냄새 맡고, 느끼는 모든 경험을 매우 중차대하게 여겼다.

노벨상을 수상한 사람들의 감성 능력

이를 뒷받침해주는 근거는 2010년 5월 '2010 유네스코 세계문화예술 교육대회' 참석차 한국을 찾은 《생각의 탄생》의 저자 로버트·미셸 루트번스타인 부부의 말이다. 그들은 그 차이를 '예술'이라고 말한다.

"노벨상을 받은 과학자와 일반 과학자의 결정적인 차이는 무엇일까?"에 대해 의문을 갖고 이들은 2005년까지 과학 분야에서 노벨상을 수상한 510명을 영국왕립협회, 미국국립과학원 등에 소속된 과학자·교수 등과 비교하여 연구한 결과, 노벨상 수상자들은 예술·문학 등의 분야에 취미 이상의 수준으로 몰두하는 것으로 밝혀졌다. 이들은 일반 과학자와 비교해 음악가가 될 가능성이 4배, 화가는 17배, 소설가와 시인은 25배, 공연예술가가 될 가능성은 22배나 높았다.

예를 들어 최초의 노벨화학상 수상자인 J.H.반트호프는 플루트 연주에 능숙했으며 4개 국어로 시를 쓰는 걸 즐겼다. 상대성이론으로 잘 알려진 아인슈타인은 여섯 살 때부터 바이올린을 배웠는데, 자신의 과학적 발견은 음악적 지각의 결과물이라고 말했다. 루트번스타인 부부는 "과학자들이 문제를 해결할 때면 음악, 미술 같은 예술이 열쇠와 같은 구실을 했다. 새로운 방식의 해결책을 찾아야 성공하는 21세기에는 예술교육이 매우 중요하다."라고 강조했다. 예컨대 감성이 풍부한 사람은 생각을 만들어가는 셈법으로 작용하는데 기여했다고 볼 수 있다.

자기 분야의 학문에 이바지한 거장들의 감성 능력

르네상스 시대의 거장 레오나르도 다빈치1452~1591는 예술가이면서 과학자였다. 동시대를 살아간 독일 화가 알브레히트 뒤러1452~1519 는 과학을 연구할 때와 똑같은 탐구심과 열정으로 그림을 그렸다. 이들에게 예술과 과학의 구분은 아무런 의미가 없었다. 그들에게 예술과 과학은 함께였다.

레오나르도 다빈치와 함께 르네상스의 대표로 세울 수 있는 인물인 라이프니츠1646~1716는 미적분학의 창시자로 알려져 있다. 그는 팔방미인이었다. 인성과 예술과 품위는 기본적인 소양으로 갖추고 있었고, 여기에 풍부한 전문 지식까지 갖추었다. 그는 수리논리학의 기초를 낳은 사람이며, 물리학에서는 에너지 보존 법칙이라 할 만한 것을 구상하였고, 심리학 면에서는 무의식을 처음 생각해 낸 사람이다. 나아가 신학 분야에서는 어지간한 신학자들보다 신의 존재를 더 잘 증명했고, 역사학에서는 사료에 충실한 역사 기술의 모범을 보여주기도 하였다.

프로이트1856~1939는 오스트리아의 생리학자이자 정신병리학자로서 어렸을 때부터 회화, 조각, 문학, 연극 등 예술에 대한 관심도 매우 커서, 예술 작품에 나타나는 예술가 정신을 연구하여 이와 관련된 정신분석 논문을 내기도 했다. 그는 어린 시절부터 엄청난 공부벌레였고 책벌레였다고 한다. 중고등학교에 해당하는 김나지움에 9살이란 어린 나이에 입학해 6년 동안 수석을 놓친 적이 없었고, 당시 책방에서 조금씩 외상으로 책을 구입하던 게 감당하지 못할 금액이 되어서 아버지에게 어떻게 이야기해야 하나 매우 고민하기도 했다는 일화까지 있다. 그의 독서의 폭은 고전문학부터 당시의 현대문학까지로 엄청났는데, 이는 모국어인 독일어는 물론이고 프랑스어와 영어를 자유롭게 읽고 썼으며, 이탈리아어, 스페인어도 능숙했기에 가능했다. 폭넓은 독서로 쌓은 인문학적인 소양과 감성 능력은 자신의 학문적 성과에 큰 도움이 되었다.

스위스의 교육학자 페스탈로치1746~1827는 교육의 목적을 '머리와 마음과 손'의 조화로운 발달에 두었다. 그는 교육이란 인간의 본성에 내재하는 능력과 소질을 육성하는데 있고, 음악이나 미적 감정 속에 직관의 '여러 가지 요소' 즉 언어, 형식, 수식에 대한 기초적 감각이 들어 있다고 강조했다. 특히 교육에서 감성이 지닌 기초적 감각을 배려하는데 초점을 두고, 실물과 구체적인 사물을 통하여 행하는 실물교육과 교육직관물을 이용하거나 직관적인 방법으로 학생들이 과학적 원리에 대한 내용을 쉽게 이해하도록 하는 직관교육을 스스로 실천하였다

이처럼 거장들은 비록 분야가 다를지라도 스스로 다져온 감성적인 능력이 뒷받침되어 그 정도의 학문적 역량을 얻었다고 할 수 있다.

루트번스타인 부부의 말대로라면 우리나라에서는 앞으로 과학 분야 노벨상 수상자가 나오기 어려울 듯하다. 우리나라는 수학, 과학 같은 지성교육과 음악, 미술 같은 예술 교육이 공존하기 어렵다는 의식이 교육제도는 물론 학부모 사이에서도 팽배하기 때문이다. 초등학교 시절에는 예체능 교과 분야에 학원이나 개인 교습을 받는 경우가 있지만, 대체로는 지적 교과에 보다 많은 관심을 갖는다. 그나마도 중학교에 들어가면 지적 교과에만 관심을 갖는다. 게다가 초등학교 시절에 예체능 교과에 관심을 갖는 학생이나 학부모의 입장도 개인적인 취향이나 개성, 적성 계발 차원이 아니라 그저 통과의례라는 사고가 팽배하다. 그러다 보니 학부모는 예체능은 아이가 중학교에 입학하면 끊어야 하는 것쯤으로 여긴다. 반면에 교육 선진국의 경우 두 가지 재능을 모두 발전시킬 수 있는 교육제도가 마련돼 있다.

그러나 우리나라 초중등교육은 지덕체智德體 교육이 아닌 시험을 잘 보기 위한 공부를 하는 지지지智智智 교육이라고 정의내리는 편이 옳을 것 같다. 교육현실이 이러다 보니 우리나라 학생의 인성과 사회성도 걱정스러운 수준이 되었다. 날로 증가하는 학교폭력이 이를 대변해 주고 있다.

지성·인성·운동교육과 조화롭게 이뤄지는 감성교육

우리나라 교육은 성장기에 있는 어린이들에게 지식을 집어넣는 교육을 최우선으로 하고 있는 반면, 생각을 이끌어내는 교육방식으로 소질과 적성을 계발하는 교육에는 소홀하다. 단순 암기식 교육은 좌뇌를 주로 자극해 아이들이 짧고 직선적인 공부는 잘할 수 있지만, 이해력이나 문제해결 능력은 떨어질 수밖에 없다. 음악, 미술 교육 등으로 우뇌를 자극해 학습 효과를 높여야 한다. 공부 잘하는 아이가 되려면 우뇌와 좌뇌를 고루 자극하는 교육, 즉 감성, 지성, 인성, 운동 교육이 조화롭게 이뤄져야 한다.

칸트는 감성이 자극의 내용을 수동적으로 받아들이는 능력이라면 지성은 감성을 통해 주어진 잡다한 내용을 능동적으로 종합하는 능력이라고 정의했다. 또한 그는 어떤 것을 경험하거나 안다는 것은 감성과 지성의 협동 작업이라고 했다.

미국 아이비리그에 입학하는 한국 학생들은 입학 성적은 우수하지만 그 후에 두각을 나타내지 못하고 방황하는 경우가 많다고 한다. 입학만을 목표로 맞춤식 지식교과 공부만 몰입했기 때문이다. 그래서 한국 학생들은 뒷심이 없고 꿈꾸는 법을 잘 모른다고 한다. 제4차 산업혁명 시기를 접하고 있는 이 시대의 한국 교육은 다양한 분야의 지식을 새롭게 조합하는 융합 능력을 가진 인재가 성공한다는 논의에는 모두가 공감하고 있는 만큼, 큰 인재로 성장하고 진짜 행복한 인생을 살기 위해서는 초중등 시절 교육이 균형을 이뤄야 한다.

더불어 우리나라 학부모는 이제 자녀들에 대한 학력관을 바꾸어야 한다. 아직도 우리나라 학부모들은 객관식 정답을 요구하는 학교 성적에 유난히 집착한다. 이런 태도는 아이의 성적 향상에 도움이 되지 않고, 창의력 신장에도 도움이 되지 않을뿐더러, 공부에 대한 흥미마저 잃게 한다. 공부는 엉덩이가 아닌 두뇌가 하는 것임을 명심해야 한다. 두뇌가 최적의 컨디션으로 움직이려면 체육, 음악, 미술 등의 공부로 얻어진 감성 능력이 반드시 필요하다. 이를 병행해 공부하는 아이들은 슬럼프를 겪지 않고, 슬럼프가 있더라도 능히 이겨내는 여유가 있어 발상하는 힘이 솟아난다. 그리고 무엇보다 행복하게 공부한다. 행복한 공부는 만족스런 지혜를 일구어낸다.

생각을 만드는 것은 동심의 특권인 호기심이다

호기심의 의미

국어사전에서 창조와 동심, 호기심은 각각 다음과 같이 정리되어 있다. 창조는 '전에 없던 것을 처음으로 만듦'이라 정리되어 있고, 동심은 '어린이의 마음 또는 어린이처럼 순진한 마음', 호기심은 '새롭고 신기한 것을 좋아하는 마음'이라고 정리되어 있다. 이 세 낱말은 매우 밀접한 관계를 가지고 있다. 동심이 상상력을 키워주기 때문이다. 그렇다고 아예 어른의 세계를 잃어버리고 아이들의 세계로 가라는 말이 아니다.

호기심은 창조의 출발

키드kid, 아이와 어덜트adult, 어른의 합성어인 키덜트kidult라는 말도 있듯, 어렸을 때의 분위기와 감성을 간직하라는 말이다. 어린이 때도 그렇지만 어른도 동심을 간직하고 있으면 왜 창조성이 발휘될까? 동심은 이성이 아니라 감성의 소산이기 때문이다. 이성은 논리적이지만 감성은 논리의 감옥에 갇혀 있지 않다. 이성은 이치를 먼저 생각하지만 감성은 이치를 따지는 것이 필요하지 않는다. 이성은 생각의 틀이 정형적이라 공식을 논하지만, 감성은 비정형적이라 열린 마음으로 세상을 바라본다. 이를 호기심이라 한다. 그래서 생각이 자유롭다. 자유로운 생각은 세상 어디든 마구 뛰어다니며 상상의 힘을 넓힌다. 상상은 바로 호기심이다.

천재 발명가 에디슨은 어릴 적 행동이 남과 달랐다고 한다. 그는 사물을 볼 때 항상 '왜?'라는 질문에서 시작했다. 닭이 계란을 만들고 그 계란에서 병아리가 나오는 모습을 그냥 지나치지 않았다. 계란이 어떻게 만들어지고, 거기에서 병아리가 어떻게 부화하는지 궁금해했다. 에디슨의 이런 행동이 어디까지 사실인지는 확인할 길이 없으나, 중요한 것은 작은 생명이 탄생하는 것이 신기해 직접 이를 시도해 봤다는 사실이다. 그의 남다른 호기심, 이유를 찾아내기 위한 시도가 발명가 에디슨을 탄생시켰다.

박재천 시인의 동시 '고추잠자리'를 감상하면 동심의 세계에서 호기심이 어떤 것인지 잘 말해주고 있다.

> 친구 따라 / 빙글빙글 원을 그린다. / 장독 위에 사뿐히 내려
> 앉은 고추잠자리,/ 너, 우리 고추장 먹었지? / 아니기는? / 꼬리

까지 빨갛게 물들어있는걸.

어른에게 고추잠자리의 꼬리는 왜 빨간 것이냐고 물어보면 얼른 대답해줄 수 있을까? 쉽게 대답을 할 수 있을 리 없다. 그러나 어린이들에게 물어보면 대답이 즉시 나온다. 잠자리가 장독에 담아 놓은 고추장을 훔쳐 먹었기 때문이라고. 어른은 이성을 우선하기에 과학에 의한 논리를 이끌어내느라 대답을 쉽게 할 수 없지만, 어린이들은 감성적으로 접근하기에 상식을 깨트린 대답을 내놓아 어른을 놀라게 한다.

논리는 상상을 죽이지만 감성은 상상을 이끌어 낸다. 깊게 생각해 보면 감성에도 논리가 들어있다. 그러나 감성 속의 논리는 열린 마음에서 얻어진 창조이다. 하지만 '논리가 먼저냐, 상상이 먼저냐' 라고 묻는다면 당연히 상상이 먼저라고 답할 것이다. 무엇인가 창조하고자 할 때는 먼저 생각한 후에 움직여야 한다.

생각이 상상의 근원이라면 논리는 실행하는 행동의 원천이다. 아이들은 논리와는 친근하지 않지만 상상과는 아주 친하게 지낸다. 그런데 어른들은 논리를 가르치고자 애를 쓸 뿐, 상상력을 키우는 것에는 소홀하다. 상상력보다는 논리가 먼저라고 신앙처럼 믿기 때문이다. 그러나 그것은 그릇된 생각이다. 상상하는 힘이 쌓여야 논리가 형성된다.

상상이 필요한 까닭은 발견 때문이다. 동심의 세계는 발견의 세계이다. 아이들은 무엇을 보든지 어른들이 아는 상식에서 벗어나 호기심을 갖는다. 어른들은 낯선 것을 보면 익숙한 경험이나 논리를 앞세워 자신의 지식으로 해석하려 하지만, 아이들은 어른들에게는 매우 익숙한 사실이라도 호기심을 갖고 바라보며, 우스꽝스럽게 생각하여 해석한다. 우스꽝스러운 호기심처럼 보이지만, 이것이 상상으로 이어져 창조의 출발점이 된다.

생후 6개월에서 3세까지의 유아기에는 호기심을 일으키는 대상을 모든 기관의 작용을 통해 탐구하려고 한다. 이때 유아가 물건을 파괴하고 부수는 것은 호기심에 의한 것이지 악의에 의한 것은 아니다. 3~6세의 유아는 생활공간의 확대와 현저한 언어 발달에 따라 질문이 많아지는 시기이고, 질문을 통해 유아는 새로운 지식을 얻게 되며 호기심을 키운다. 이 시기가 지나면 호기심의 대상이 자기를 둘러싸고 있는 실체적 세계에서 추상적 세계로 방향이 바뀐다.

호기심에 상응한 교육

호기심이 왕성한 이 시기의 아이를 접하는 부모나 교사는 천재성을 가지고 태어났다고 생각하고 흥분을 감추지 못하는 경우가 있다. 혹자는 학교에 다녀봐야 배울 것이 없다고 생각하여 학교를 중퇴시키고 전국의 학교와 시장을 방문하면서 천재성을 자랑하기도 한다. 이 대상자가 바로 1950년대에 인천에서 천재로 이름난 초등학교 3학년의 학생이었다. 500개 이상의 영어 단어와 천자문을 외우고 100자리 이상의 덧셈과 뺄셈을 암산으로 해결했다. 전국의 철도역을 외우고 조선시대의 역사 연대를 외웠다. 모두가 천재적인 두뇌를 가진 아이라고 이구동성으로 칭찬했으며, 심지어 학교에서도 천재성을 인정하였다.

그러나 일찍이 나타난 천재성에 도취되어 발달 단계에 맞는 체계적인 지도를 받지 못했을 뿐 아니라 대학 진학을 위한 학력을 갖추지 못해서 대학에도 들어가지 못했다. 끝내 천재성은 부모의 호기심과 지나친 기대로 성장이 중단되었던 것이다.

아이들은 호기심과 탐구력을 본능적으로 가지고 있어 자신이 하고 싶은 분야의 공부에는 즐겁게 몰두한다. 학창 시절에는 이런 호기심과 몰입의 자세를 배우는 것이 중요하다. 천재성이 있는 어린이도 학교에서 순차적이고 체계적으로 영재 학습을 하도록 하는 것이 바로 영재 어른을 키우는 일이다. 특히 어렸을 때의 호기심에는 놀이나 자연스러운 관계를 통해 감정이나 능력을 표현하는 방법을 터득하도록 북돋아 주고 호기심에 상응한 대처를 해줘야 한다. 아이들의 호기심에 가득 찬 질문에는 최대한 성의껏 응답해 주고, 또 다른 질문이 이어지도록 유도하는 게 바람직하다. 질문에는 가능한 핵심적인 답으로 대꾸해 주되, 지나치게 자세한 응답은 또 다른 호기심이 발산하는데 도움이 되지 않으니 주의해야 한다.

또한 아이들의 궁금증에 무관심하거나 감성적으로 발산하는 호기심을 억제함으로써 영재성의 신장을 저버리는 일은 금물이다. 호기심이 덜한 아이라면 자연환경이나 사회의 모습 등 다양한 관찰 환경을 접하도록 하여 새로운 경험을 할 수 있는 기회를 마련해 주어야 한다. 대상이 없는 호기심은 없다. 대상을 관찰함으로써 호기심이 일어나기 때문이다.

생각을 만들어가는 생각교육 ⑤

상식의 반대편을 관찰하면 창조가 시작된다

관찰도 창조의 시작

새로운 세상을 만드는 데는 두 가지 방법이 있다. 하나는 발견이고 다른 하나는 창조다. 발견은 원래 존재하고 있던 사실을 사람들이 전혀 모르고 지내다가 어느 때 갑자기 찾아내는 것이다. 반면 창조는 세상에 없던 것을 만들어내는 작업이다. 문제는 발견이나 창조를 위해서는 반드시 앞서 해야 할 일이 있다는 것이다. 그것은 바로 관찰이다. 관찰이 제대로 이루어지지 않으면 어느 것도 할 수 없다. 우리가 관찰을 강조하는 이유다.

관찰은 사물을 주의 깊게 살펴보는 일이다. 그래서 과학은 관찰로부터 시작되고, 창작도 관찰로부터 시작된다는 말이 진리처럼 여겨지고 있다.

교육적으로 관찰 활동은 사회적 사상, 자연적 사상에 대한 호기

심을 갖게 하여 학습에 대한 동기를 부여하고 개인적인 조사와 발견으로 학습자 개개인에게 만족감을 높여준다.

먼저 이미애 시인의 창작물인《큰 나무 아래 작은 풀잎》을 감상해 보고 관찰이 어떻게 생각을 만들어가는지 접근해 본다.

애야, 네가
큰 나무를 보러 왔다면
그 아래 피어난
키 작은 풀잎을 꼭 찾아보아라.
해마다 어깨 겯고 새로 돋는
풀잎, 풀잎이 만드는
작은 세상

애야, 네가
키 작은 풀잎을 보러 왔다면
그 위에 아름 굵은
큰 나무 꼭 쳐다보고 가거라.

어지간한 비바람쯤
끄떡도 않지.
밑동 튼실하게
뿌리박은 나무.

시인 황인원은 관찰은 창조의 시작이라면서, 관찰의 중요성을 다음과 같이 이야기하고 있다.

"아인슈타인도 그의 업적을 이룩한 근본 바탕에는 관찰학교에 다닌 경험이 있다고 하지 않는가. 관찰이 제대로 되지 않으면 통찰이 되지 않으니 어떤 창조적인 아이디어도 나올 수 없다. 시 창작 시간에 학생들에게 눈雪을 제목으로 설정해 창작을 해보라고 한 적이 있다. 여러분 같으면 어떻게 쓰겠는가. 학생들의 95%는 눈이 땅에 쌓이는 것을 형상화했다. 나머지 5%는 눈이 내리는 모습을 형상화했다. 그런데 눈은 하늘에서 내린다. 하늘 맨 위부터 관찰해야 새로운 창조가 나오게 된다. 눈이라는 제목의 시를 쓸 때는 하늘부터 땅 끝까지 모두 관찰 대상이다. 아이들이 땅과 공중만을 그 대상으로 했다면, '하늘이 눈을 낳는다.'라는 표현은 나올 수 없다. '하늘도 아픔을 겪으며 자신의 자식을 지상으로 내려보내고 있다.'라는 상상도 할 수가 없다. 하늘을 관찰하지 않았기 때문이다. 남들이 다 보는 것을 보는 것은 관찰이 아니다. 남들이 보지 못하는 것을 보는 것이 관찰이다. 남들 모두 보는 것은 누구에게나 보이는 현상일 뿐이다."

생각이 온전하기 위한 관찰

보이지 않는 것을 관찰하는 방법이 있다. '상식과 반대편을 들여다보라.'라는 것이다. 눈을 관찰할 때 사람들이 땅에 쌓인 눈만 보았다면 하늘을 보아야 하고, 사람을 관찰하고자 한다면 얼굴만 바라보는 대신 상대의 발부터 전신을 보아야 한다. 이것이 관찰을 잘하는 방법 중 하나다. 아동문학가 이미애 선생의 《큰 나무 아래 작은 풀잎》이라는 동시는 그래서 우리가 시사하고 있는 바가 크다. 그녀는 시를 통해 '큰 나무를 보러 왔다면' 그 반대편에 있는 '그 아래 피어난 /키 작은 풀잎을 꼭 찾아보라'라고 권한다. 반대의 경우도 마찬가지다. '키 작은 풀잎을 보러 왔다면' 반드시 '아름 굵은 큰 나무를 꼭 쳐다보고 가'야만 한다. 목표 대상을 관찰하면서 그 하나만 보는 게 아니라 반대편에 살고 있는 존재까지 자세히 들여다보는 것이 관찰의 기본이다.

'상식과 반대편을 들여다보라'라는 시인의 생각이 온전하게 갖추어지기 위해서는 '정(正)·반(反)·합(合)'에 이르는 변증법 과정이 필요하다. '정'의 주관적인 인식이 '반'의 객관적인 인식에서도 주관적인 사고가 인정될 때 법칙적 인식으로 합의된 '합'에 이른다. 즉 상식에 해당하는 '정'과 함께 반대쪽에 위치한 '반'도 관찰했을 때 비로소 '합'이라는 온전한 관찰에 이르게 된다.

'상식과 반대편을 들여다보라'라는 시어와 유사한 김완기 시인의 시 《꽃씨》가 있다.

몰래
겨울을 녹이면서
봄비가 내려와 앉으면

꽃씨는
땅 속에 살짝 돌아누우며
눈을 뜹니다.

봄을 기다리는 아이들은
쏘옥
손가락을 집어넣어 봅니다.
꽃씨는 저쪽에서
고개를 빠끔
얄밉게 숨겨 두었던
파란 손을 내밉니다.

이 시에는 네 개의 소재인 봄비, 꽃씨와 땅속, 아이들이 등장한다. 시인은 네 개의 소재 중 특정 어느 것의 입장에 입각해서 봄비가 오는 상황을 보지 않는다. 제삼자의 입장에서 봄꽃 피는 모습을 관찰하는 것이다. 그러면서 꽃씨가 땅 속에서 돌아눕는다거나 아이들이 손가락을 땅 속으로 집어넣자 꽃씨가 저쪽에서 파란 손을 내민다는 등 내 입장이 아닌 상대의 입장으로 전환하여 새롭게 해석하고 있다. 그리고 봄비가 내리는 지면과 함께 그 반대편 땅속을 관찰해서 두 겹을 노래했다. 이 시는 제삼자의 입장에서 그려진, 전지적 관찰로 창조된 시다.

김민하의 '다른 관점에서 보면'은 뒤집어 생각하면 또 다른 생각한 방울이 맺히는 시다.

> 뭉뚱그려 비탈길이라고 말하지만
> 위에서 보면 내려가는 내리막길이고
> 아래서 보면 올라가는 오르막길입니다
>
> 쓸모없다고 내쫓기던 배추애벌레도
> 번데기에서 조금씩 날개 펴고 배추흰나비로 바뀌면
> 꽃가루 퍼뜨려주는 고마운 심부름꾼이 되지요
>
> 지금 눈에 보이는 것이 다가 아닙니다
> 오늘 막막한 절벽 같은 절망의 벽이
> 내일 환히 열리는 희망의 문이 될 수 있습니다

관점을 달리하여 관찰하면 비탈길도 걷기 힘든 오르막길이 쉬운 내리막길로, 보기 흉한 배추애벌레도 꽃가루를 퍼뜨리는 배추흰나비로, 절망의 벽이 희망의 문으로 전환된다. 그렇다. 관점을 달리해서 생각하면 고정관념을 벗어나 시야가 넓어지고 생각이 자유로워지면서 유연성이 길러져 새로운 발명품이 태어나며 보이지 않던 희망을 맞이할 수 있게 된다.

관찰의 기록은 생각의 기록

관찰학습은 감각적 실학주의에 기초를 두는 학습이다. 감각적 실학주의는 언어주의에 대한 반동으로 일어나는 것으로 언어보다도 먼저 또는 언어와 병행하여 자연 및 사회현상을 직관함으로써 학습의 구체성을 살리고 학습의 효과를 올리는 방법이다. 관찰은 관찰 목적을 분명히 하고, 산만하지 않도록 목적에 적합한 관찰을 중점적으로 수행해야 하며, 관찰 방법은 시각적으로만 하지 않고 보고(시각), 듣고(청각), 맡고(후각), 맛보고(미각), 느끼고(촉각) 등 오감을 동원하는 것이다. 오감을 통한 관찰이어야 생각 속의 생각이 보다 훤히 보인다.

관찰의 결과는 관찰 사실을 기록하는 일이다. 즉 생각을 기록하는 일이다. 수량적정량적 관찰은 관찰한 사실을 가능한 계량화하여 기술하고, 정성적서술적 관찰은 관찰한 사실이나 그 느낌을 서술식으로 표현하며, 통합적 관찰은 관찰한 사실을 계량화하고 느낌도 더불어 서술식으로 표현한다. 기술 방법은 관찰한 사실을 문장, 그림, 삽화, 사진, 도표, 그래프 등으로 표현하되 선택적으로 사용할 수 있다.

'모구리'라는 별명을 가진 작가는 '손바닥 모양의 단풍잎'을 관찰한 결과 떠오른 생각을 이렇게 작성하고 있다.

> 높은 하늘 아래, 나의 삶은 단풍나무와 함께 붉게 익어간다. 손바닥을 쫙 핀 듯한 모양을 띤 단풍잎은 뜨거운 여름 속 태양을 너무 쬐어서 그런지 붉게 익어간다. 붉게 익어가는 단풍을 뚫어져라 쳐다보다가 내 손바닥 역시 붉게 익어가는 듯한 묘한 기분이 든다. 붉게 익은 단풍나무 잎과 붉게 익은 나의 손바닥을 마주하다가 문득 나의 삶의 뜨거운 조각들이 단풍나무 잎과 나의 손바닥과 함께 물든다. 잎의 가장 가운데 긴 갈래는 나의'가족'을 상징하고, 그 양옆으로 두 갈래는 '사랑과 친구', 그 밑으로 두 갈래는 나의 '과거와 미래(Dream)', 그리고 가느다란 잎의 줄기는 현재를 상징한다.
>
> 현재로부터 올라가다 보면 '과거와 미래(Dream)'라는 작은 두 갈래가 잎의 아래를 향해 뻗어 있다. 과거의 갈래는 태어나면서부터 지금까지 내가 경험한 모든 일들이 이 갈래에 담겨있다. 좋은 경험도 있고, 좋지 않은 경험도 있겠지만 불변성을 가진 과거를 돌이킬 수 없으며 어쩌면 이러한 경험을 가진 과거가 있었기에 현재의 나의 삶을 형성해 준 고마운 갈래이다. 또 다른 비슷한 모양을 가진 미래(Dream)의 갈래는…. (후략)

이 글은 단풍잎의 겉면만 관찰하고 작성한 글이 아니다. 위와 아래, 좌와 우, 보이지 않는 상식의 반대편까지도 살피고 생각을 시각화하고 있다. 이 작가는 단풍잎을 보고 그냥 지나치지 않았다. 작가 자신을 그렸다. 지난 과거부터 현재를 지나 미래까지를…. 정말

대단한 상상력을 갈필했다. 이 글에는 작가의 삶, 가족과 친구, 모양, 색깔, 시간, 실제와 같은 그림, 마음 등이 잘 나타나 있다. 고작 단풍잎 한 잎에도 이렇게 많은 생각이 숨 쉬고 있다. 이 글은 작가의 생각을 집대성한 글이다. 생각은 영적 성장을 깊이 체험할 수 있게 해준다.

생각을 만들어가는 생각교육 ⑥

남과 다른 나는 생각의 차이다

개성은 사람마다 다르다

인간은 태어날 때부터 다른 사람과 확실히 구별될 수 있는 그 사람만의 특성을 가지고 태어난다. 이를 개성이라고 한다. 개성은 사람마다 다른 소질과 적성과 재주와 취미, 성품을 속성으로 하고 있다. 그래서 개성을 천성이라고 부르기도 한다.

세 벽돌공의 생각

짐 호던이라는 사람이 있다. 그는 20여 년 동안 어떻게 하면 사람들과 조직이 숨은 역할을 발휘할 수 있을까를 생각했던 사람이다. 그는 공사 현장에서 일하는 3명의 벽돌공에게서 그 답을 찾아냈다. 내용은 이렇다.

벽돌공 3명이 함께 작업을 하고 있었다. 각자 벽돌을 집어 들고 회반죽을 바른 다음 벽돌을 쌓고 있었다. 한 어린아이가 그들에게 질문했다.

"아저씨 지금 뭐 하시는 거예요?"

첫 번째 벽돌공이 대답했다.

"난 벽돌을 쌓고 있다. 보이지 않니?"

이어 두 번째 벽돌공이 대답했다.

"나는 성당의 서쪽의 담벽을 쌓고 있지."

세 번째 벽돌공이 이렇게 대답했다.

"나는 하느님의 성당을 짓고 있지. 이 성당은 사람들이 착하게 살도록 오랫동안 감명을 줄 거란다."

짐 호단은 3명의 벽돌공에게서 두 가지 핵심을 찾아냈다. 한 사람은 시간을 메우기 위해 일하고 있었다. 또 한 사람은 맡은 업무만 열심히 하고 있었다. 세 번째 사람은 일에 정말 몰두해 자기의 일이 타인에게 미치는 영향을 잘 이해하며 일을 하고 있었다.

벽돌을 쌓는 일과 성당을 건축하는 일은 엄청나게 다르다. 그는 이를 통해 객관적으로 보기에 자신이 하는 일이 중요하든, 그렇지 않든 문제에 어떻게 접근하는지에 따라 결과도 크게 차이 날 수밖에 없다는 결론을 내리고 있다.

이 이야기에서 세 사람 모두 열심히 일을 하고 있다. 다만 같은 일을 하면서도 생각의 차이는 확연히 나타난다. 이를 통해 '사람은 생각하는 대로 행동한다.'라는 이치를 깨달을 수 있다. 발상의 전환은 익숙했던 것에서 벗어나 새로운 길을 개척할 수 있다는 명제이다.

슈베르트의 남다른 생각

또 다른 이야기로 '남과 다른 나'로 자란 천재적인 작곡가 프란츠 슈베르트1797~1826의 일화를 들 수 있다. 인간의 성공과 실패는 생각의 차이에 있음을 보여준 사례다.

프란츠 슈베르트의 아버지는 빈 리히텐탈의 초등학교 교장이었다. 프란츠의 아버지는 그의 아들이 교사가 되기를 희망했으나, 그는 학교 공부에 소홀하였고 성적도 낙제에 가까웠다. 그렇기는 하지만, 그의 아버지는 아들의 음악에 대한 천재적인 소질을 믿어 의심치 않았다. 손수 바이올린의 초보적인 기술을 가르치기도 했고, 마음속으로는 혀를 내두를 만큼 교묘한 피아노 연주라든지 뛰어난 작곡 능력을 가진 아들을 자랑스럽게 여겼다.

프란츠가 여덟 살 때는 홀쩌 선생님께 음악 공부를 하였는데 바이올린, 피아노, 오르간, 노래 부르는 법, 쉬운 작곡법 등 새로운 것을 가르치면 누가 미리 가르쳐 준 적이 없는데도 이미 알고 있었다. 선생은 "나는 여태까지 이렇게 음악에 대한 소질이 뛰어난 제자를 가져본 적이 없다. 프란츠 군은 음에 대한 천재적 재능을 가진 나의 보배다."라고 극찬했다.

그런데 프란츠의 아버지는 프란츠가 태연히 학교를 멀리한 것만큼은 도저히 묵인해 줄 수 없었다. 마침내 아버지는 아들에게 작곡 금지를 명령하였다. 학교에서 좀 더 착실히 공부하고, 교직 교양 과정을 수료할 것을 굳게 서약했다.

프란츠는 마지못해 학교 공부를 계속했지만, 한편으로는 남몰래 작곡에 몰두하였다. 노력한 보람이 있어서 17세 때 프란츠는 아버지 학교의 조교사로 채용되었다. 하지만 이것은 프란츠에게 있어서 기쁘지도 슬프지도 않은 일이었다. 아이들이 수업 중에 무슨 짓을 하든지 프란츠에게는 상관이 없는 일이었다. 언제나 음악에 대해서만 생각하고 있었을 뿐이었다. 아버지는 이 상태로는 어찌할 수가 없다는 것을 깨닫지 않을 수 없었다. 궁여지책으로 1년간 유급휴가를 주어 봤지만, 아들은 두 번 다시 학교로 돌아오지 않았다.

그 후 프란츠에게 주어진 여생은 불과 10년에 지나지 않았으나, 음악의 모든 장르에 걸쳐서 경탄할 만큼 다양한 악곡을 완성했다. 여덟 곡의 심포니, 그중 8번은 미완성 교향곡이었다. 열다섯 편의 현악 4중주, 스물두 곡의 소나타, 여섯 곡의 오케스트라 미사곡,

그 외의 오페라나, 오페레타 등 600여 곡의 가곡을 이 세상에 남겼다. 비록 그는 젊은 나이로 세상을 떠났으나 그가 남긴 가곡은 지금도 생생한 감동으로 남아 우리의 가슴을 울려 주고 있다.

프란츠의 아버지는 프란츠의 재능을 인정하면서 그 재능을 통해 교사가 되길 바라는 아버지 자신의 꿈을 실현하기를 바랐으나, 프란츠는 이런 통제와 울타리를 벗어나 자유로운 상태에서 음악적인 재능을 추구하기를 원했다.

프란츠가 자기 꿈을 실현하는 방법은 생각의 차이에 있었다. 앞서 밝힌 바와 같이 그의 아버지가 그토록 원했던 교사가 되는 꿈을 저버렸지만 자기 꿈을 발견한 프란츠는 천재 작곡가로서 음악사에 오래도록 기억되고 있다. 남다른 나를 발견한 프란츠는 자기의 생각대로 좋아하는 것을 성취한 인물로서 수많은 이의 롤모델이 되고 있다.

영재는
개인차를 존중할 때 태어난다

영재는 개인차에 있다

대부분 부모는 영재가 선천적으로 태어나는 것이며 지능지수IQ가 높을 것이라 생각하고 있다. 역사에 이름을 남긴 영재들이 모두 지능지수가 높았다는 통계는 없다. 지능지수는 산업사회에 필요한 일반적인 지식을 중심으로 제작된 평가도구로 측정하기 때문에 다양한 영역의 재능을 전부 평가할 수 없다. 그러므로 지능지수가 낮음에도 세계적인 발명가나 예술가가 된 인물이 많다는 것은 지능지수와 영재성이 깊은 관계가 없다는 사실을 말해 준다.

그러므로 자녀들의 지능지수가 낮거나 뛰어난 재주가 없다고 판단하여 자녀들의 영재성 개발 신장을 포기하는 것은 큰 잘못이다. 이를 뒷받침해주는 근거는 다음에 밝히는 개인차에 있다.

이 세상에 같은 얼굴을 지닌 사람은 한 사람도 없다. 하물며 일

란성 쌍둥이도 얼굴이 다르다. 이처럼 사람마다 차이가 있을 수밖에 없다. 개인차는 개인 간의 차이와 개인 내의 차이가 있으며, 그 요인은 유전적인 요인과 환경적인 요인이 있다. 개인 간의 차이는 심신의 차이인데, 신장이나 지능의 차이 등 심신의 특징을 비롯해 개개인이 지닌 개성을 구조적으로 나타내는 차이이다. 개인 내 차이는 개인 자신으로서도 여러 가지 차이를 보이는데, 신장은 크지만 체중은 가볍다든가 체격은 좋지만 지능은 낮다든가 학업성적은 하위이지만 성격은 좋다든지 하는 특유한 성향을 이야기한다.

때문에 모든 어린이가 영재가 될 자격이 있다. 그저 영재성이 나타나는 시기가 각각 다를 뿐이다. 그렇기에 그들의 개인차를 존중해줘야 하며, 그럴 때 비로소 영재성을 발굴할 수 있다는 논리이다.

모차르트와 아인슈타인의 영재성

모차르트는 다섯 살에 미뉴에트를 작곡하고 여섯 살 때 오스트리아의 옹녀인 마리아 테레사 대공비 앞에서 연주를 함으로써 천재로 이름이 났으며, 미국의 윌리암 시디스는 네 살 때 그리스어로 된 호머의 작품을 읽고 열한 살에 하버드대학에 입학한 가장 어린 학생이 되었다.

아인슈타인의 초등학교 4학년 학교생활기록부를 보면, 당시 그의 지능지수는 82였다. 여기서 주목할 만한 사실은 그의 담임이 아인슈타인에 대해 '환상적인 것에 관심이 많은 아이'라고 기록하고 있다는 것이다. 그리고 말을 늦게 배웠을 뿐 아니라 학교에 들어간 후에도 성적이 나쁘고, 친구들과도 잘 어울리지 못하여 선생님은 그가 학교에 있으면 같은 반 학생들에게 안 좋은 영향을 줄 수 있으니 학교에 보내지 말라고 부모에게 통보하기도 했다.

이처럼 세계적인 영재들은 지능지수와 상관이 없으며, 영재성이 나타나는 시기도 개인차를 보이고 있다.

뉴턴의 영재성

만유인력을 발견한 뉴턴은 1642년 영국에서 태어났다. 뉴턴은 20세가 넘어 대학의 스승을 통해 영재성이 발견되어 세계적인 발명가가 되었다. 그의 아버지는 소지주였고, 어머니는 평범한 농부였으며, 조상 가운데 두드러진 사람은 한 명도 없었다. 어릴 적 학교 성적도 거의 바닥이었으나 손재주는 있었다. 외삼촌의 설득으로 18세에 케임브리지의 트리니트 대학에 입학하여 유클리트와 기하학을 전공했다. 대학성적은 알려져 있지 않지만, 20세를 넘겼을 때 대학자 '배로우' 교수가 뉴턴의 뛰어난 재능을 발견하고 그가 지닌 재능을 인정해 줌으로써 발명가로 성장하는 계기가 되었다.

뉴턴이 만유인력의 법칙을 발견한 과정을 자세히 밝히면, 1661년 뉴턴은 사과나무에서 사과가 떨어지는 것을 보고 의문을 갖기 시작했다. 그 결과 뉴턴은 두 물체 사이에 작용하는 만유인력의 크기는 물체의 질량의 제곱에 비례하고 물체 사이의 거리에 반비례한다는 것을 발견하였다. 이는 사과와 지구가 서로 당긴다고 하면 지구가 사과에 끌려가는 것이 아니라 사과가 지구에 끌려오게 된다는 법칙이다.

개인차 계발은 선생님의 몫

생각이 앞선 사람은 지능이 남보다 우수하거나 어려서부터 뛰어난 영재성을 드러낸 사람이 결코 아니다. 태어날 때부터 모든 사람의 개성이 다른 것처럼, 그 개성이 드러나는 시기도 모두 다르다. 저마다의 개인차를 존중해 주고, 그 개인차를 소중히 일깨워 주는 일이야말로 학교 선생님과 부모의 몫이다.

생각이 많은 학생은 질문을 많이 한다

한국 학생들의 학업성취가 세계적으로 대단히 우수하다는 사실은 널리 알려져 있다. 하지만 가끔씩 찜찜할 때가 있다.

미국 제43대 버락 오바마 대통령이 한국을 방문해서 기자 회견을 하다가 한국에 대한 감사의 표시로 한국 기자에게 질문의 기회를 주었다. 하지만 한국 기자들 중 질문하는 사람이 하나도 없었다. 결국 회견장에 있던 중국 기자가 질문을 했다고 한다. 이런 사례가 매우 예외적인 일이라고 하기는 어렵다. 필자는 모 대학에서 3개 학과의 3학년 학생을 대상으로 한 학기 동안 강의를 하였는데, 문제 추구 질문을 하는 학생도 있었지만 알고 있는 지식을 확인하는 정도의 단순 질문이나 답이 정해져 있는 수렴적 질문을 하는 학생도 적지는 않았다.

한국의 교실에 질문이 없다

질문이 필요하지 않은 지식은 답이 정해져 있어서 쓸모 있는 지식이라고 말할 수 없다. 답이 정해져 있는 지식은 사회를 더 건강하게 할 수 없다. 그저 창의성을 가둘 뿐이다. 필자 역시 잘 알고 있으며 자랑스럽다고 여기는 지식과 지금 생각하고 있는 생각이 진정으로 쓸모가 있는 것인지, 알아두면 쓸모 있는 지식인지 자문자답해 보곤 한다.

학생이 공부하면서 반드시 즐거움으로 여겨야 할 질문에 대해 질문을 던져본다. 학생이 공부하면서도 질문이 없는 것은 왜 그런 것일까? 학생이 질문이 없거나 질문을 하지 않는 것은, 아무 생각 없이 받아들이는데 능하고 궁리를 하지 않는 수동적인 학습관이 몸에 배어 있기 때문일 것이다. 듣기만 하는 지식은 그 이상의 지식을 창출할 수 없다. 우리나라의 입시제도와 각 학교의 학력 측정은 누가 더 많은 정답을 맞추었는가를 가늠하는데 있다. 그러니 가르치는 선생님은 시험에 나올 지식을 족집게처럼 뽑아 전달하고, 학생들은 선생님이 전달한 지식을 잘 듣고 기억하는 일을 최우선으로 여긴다. 그래서 질문이 필요 없고, 질문을 하게 되면 오히려 시간을 낭비하는 일이라고 간주한다.

한국 학생들은 확산적 사고력이 부족

국제기관의 로봇 공학자이자 미국 UCLA 기계항공공학과 교수인 데니스 홍은 서울특별시 조희연 교육감과 대담한 과정에서 한국 교육에 조언을 했다.

> "많은 사람이 알다시피 미국에서는 한국 유학생들은 '인간계산기'로 칭한다. 정답이 정해져 있는 수학 문제는 기가 막히게 잘 풀고, 빨리 풀기 때문이다. 그런데 답이 있는지 없는지 모르는 문제나 답이 여러 개인 개방형 문제를 내면 딱 막혀 버린다. 프로젝트 수업을 할 때도 토론에 참여하는 적극성이 낮은 편이다. 적극적 참여는 이전보다 많이 나아졌지만, 질문을 안 한다는 점은 여전하다. 한국 유학생들이 질문을 할 줄 모르는 건지, 아니면 질문을 하는 걸 두려워하는 건지 안타까울 때가 많다. 한국 교실에 실패를 두려워하지 않는 자세를 먼저 심어줘야 한다. 한국 학생들은 영어 성적을 100점 맞으면서도 수학이 0점이면 그 단점에만 파고들어 주눅이 든다. 잘하는 부분을 격려해 주고 자존감을 높여 줘야 한다."

그는 2009년 과학전문지 '파퓰러사이언스'에서 젊은 천재 과학자 10인에 선정되고 미국에서 최초로 휴머노이드 로봇인 찰리 등 다양한 로봇을 창작해 전 세계적인 주목을 받은 인물로 한국에서 대학까지 다니다 미국으로 건너가 뜻을 펼치고 있는 이였다. 그런 인물이었기에 누구보다도 한국 교육의 한계를 절실히 체감한 날카로운 지적이 아닐 수 없다.

한국 학생들이 확산적 사고력이 부족한 것은 질문을 소홀히 하는 것과 무관치 않다.

질문을 중시한 유대인 교육

유대인의 성전 탈무드에 소개된 두 가지 이야기를 접하게 되면 질문의 중요성이 새삼스럽게 다가와 우리 교육을 되돌아보는 계기가 된다.

《유대인의 천재 교육》을 저술한 루스-실로는 어느 일본인 엄마에게 질문했다.

"당신은 아이가 처음으로 초등학교에 들어갈 때 뭐라고 말하며 보냅니까?"

그러자 그 엄마는 즉석에서 답변했다.

"선생님 말씀을 잘 들어야 해요."

우리나라 엄마도 일본인 엄마와 크게 다를 바 없다. 우리나라 엄마는 애들이 선생님께 질문을 하게 되면 밉보이게 되어 '모난 돌이 정 맞는다.'라는 의식을 강하게 주입한다. 이 같은 부모의 요구는 어린이들로 하여금 선생님이 가르치는 것을 일방적으로 받아들이고, 아무런 의심도 갖지 못하게 하여 독창성이 없는 인간으로 성장하도록 작용한다.

그러나 유대인의 교육은 다르다. 유대인 엄마들은 "교실에서는 질문을 해야 해요."라고 아이들에게 일러 보낸다. 유대인 어린이에게 요구하는 것은 암기나 메모가 아니라 이해하는 능력이다. 선생님은 학생들에게 문제를 내고 학생은 그것을 해결한다. 따라서 의문이 있으면 끝까지 질문하고, 그 결과 이해하는 것이 학생들의 의무이기도 하다.

5천 년 전부터 유대인에게 전해지는 성전 《탈무드》에는 "교사는 혼자서 떠들어서는 안 된다고 적혀 있다. 만약 학생이 잠자코 경청만 한다면 많은 앵무새를 길러내는 결과가 되기 때문이다. 교사가 이야기하면 학생은 그것에 대하여 질문하지 않으면 안 된다. 그리고 교사와 학생 사이에 주고받는 의사소통이 활발하면 할수록 교육의 효과는 크다."라고 가르치고 있다.

탈무드가 가르치는 또 다른 이야기가 있다. 두 사람의 이야기를 통해 유대인의 배우는 자세를 소개할까 한다.

> 두 사람은 배고픔을 견디면서 길을 가다가 어떤 집을 찾아냈다. 그 안으로 들어가니 텅 비어 있었는데, 높은 천장에 과실이 들어있는 바구니가 걸려 있었다. 손을 아무리 뻗어 보아도 닿지 않았다. 한 사나이는 화를 내며 집을 뛰쳐나가고 말았다. 그런데 다른 사나이는 달리 생각했다. 몸도 움직이지 못할 만큼 배가 비어 있었지만, 바구니가 천장에 매달려 있다는 것은 누군가가 매달아 놓았음에 틀림없는 것이라고 생각했고, 집안을 뒤져서 사다리를 찾아냈다. 그리고 사다리를 올라가서 과실이

담긴 바구니를 내려 천천히 그 맛있는 과실을 먹었다.

유대인은 항상 후자의 방법을 모범으로 여겨 왔다. 자신의 눈앞에 있는 물건에 가만히 손만 내밀 뿐 그 외에는 뒤돌아보지 않는 짓은 하지 않는다. 즉 유대인 어린이들은 손에 닿지 않는 곳에 있는 과실에 비유되는 난해한 일이라도 사다리를 한 칸씩 오르는 것처럼 한 가지씩 질문하면서 한 계단 한 계단 올라가는 방법을 배운다. 그래서 결과적으로 과실, 즉 지식에 도달하는 것이다. 이것이야말로 배우기 위한 참된 자세라 말하고 싶다.

유대인이 많은 발명과 발견을 하고 항상 지적 선구자의 지위를 유지하는 이유는, 5천 년 전부터 이 교육법을 통해 길러졌기 때문이라고 생각한다. 선생님에게 질문을 그치지 않는 태도를 몸에 익혀 왔기 때문이라는 것이다. 그 가운데 자신의 독자적 지식체계를 서서히 굳혀 그것을 통해 위대한 업적을 이루었던 것이다.

그렇다면 이 같은 학습법은 어떤 결실을 가져왔을까?

2016년 10월 기준 노벨 수상자 890여 명 중 유대인 수상자가 180명 이상으로 20% 이상을 차지하고 있으며, 미국 대부호 중 30% 이상, 하버드 및 스탠퍼드 등 명문 대학 교수 중 20% 이상을 미국 인구의 3%에 지나지 않는 유대인이 차지하고 있다는 사실은 질문을 중시한 유대인 교육의 결과라고 할 수 있다.

질문이 있는 교실로 바꾸는 방법은

이제 우리도 유대인의 교육 방법을 수입해야 할 듯싶다. 질문이 있는 교실을 만들기 위해서는 어떤 요건이 필요할까? 질문이 있는 교실은, 질문을 허용하는 분위기를 만들어야 한다. 이를 허용적인 분위기라고도 한다. 허용적인 분위기란 수업과정이나 학습 과정에서 개방적인 태도를 취하여 학생들의 자기 표현, 자기활동을 격려하고 학생 스스로가 학습활동을 수행하는 것을 적극 지원하는 것이다. 이어 허용적인 분위기에서도 학생들이 반드시 문제의식을 갖게 해야 한다. 문제의식을 갖는다는 것은 다양한 생각을 접하게 된다는 것이다. 문제의식이 없는 허용적인 분위기는 아름드리 수목 군집에 불과할 뿐이다. 새는 조용한 숲에서 사랑을 찾고자 노래 부르고 바다의 물고기는 잠잠한 곳에서 먹이를 구하기 위하여 지나치다 할 정도로 움직이듯이 질문이 있는 교실에서는 생각이 발산한다.

질문은 우선 듣는 데서 시작한다. 들어야만 질문의 핵심을 파악할 수 있다. 잘 들어서 알게 된 지식도 '왜 그럴까?' 하고 비판적으로 들어야 한다. 그래야만 의문이 발생하여 입이 벌어진다. 학생이 궁금증을 풀기 위해 교사에게 질문을 던진다면, 선생님은 이미 알고 있는 내용을 그대로 설명하기보다는 그것을 계기로 하여 학생들로 하여금 탐구적 사고 활동을 촉구하여 문제점, 모순, 갈등, 의문점 등의 사고를 유발할 수 있도록 도와주어야 한다. 그렇게 되면 학생들은 새로운 지식을 추구하거나 뭔가를 발견하거나 상상력을 확대해 간다.

예컨대 학생이 던진 질문에 선생님이 바로 답하기보다는 질문에 대한 해답을 스스로 찾을 수 있도록 도와주는 것이다. 이런 선생님의 응답이 가능하다면 학생의 사고가 더더욱 확산되어 또 다른 질문을 이어가게 될 것이다.

교실혁명은 질문으로부터 출발

2018년 7월 26일 서울 중구 프레스 센터에서 열린 바른사회운동연합 교육개혁추진위원회에서 '대한민국의 미래 교육, 어떻게 디자인할 것인가?'라는 토론회가 열렸다. 그 토론회에서 4차 산업 혁명 시대에 걸맞은 인재를 기르기 위해서는 '교실혁명'이 절실하다고 논의되었다. 방법으로 언급된 것이 바로 소규모 그룹프로젝트나 토론학습, 학생이 스스로 공부한 내용을 발표하고 질문하고 설명하는 거꾸로 수업 등 하이터치high-touch 학습이다. 하이터치 학습은 학생의 분석적·창조적 역량을 기를 수 있는 자기주도적 학습 능력을 키우는 영양가 있는 방식이라고 제시했다.

이처럼 교실에서 전개되는 하이터치 학습방식은 궁금증에 대한 답을 얻고자 하는 질문으로부터 출발하고, 던진 질문을 통해 궁금증을 해결하고 지적 탐구심을 충족시키는 수단으로 충분하다고 하겠다.

이상의 논담을 통해 질문으로부터 출발하는 교실혁명을 다음과 같이 정리하면 어떨까?

질문하지 않는다면 결코 대답을 얻을 수 없다. 질문은 생각에서 나오고, 답도 생각에서 나온다. 그래서 모든 것에 의문을 갖는 질문은 생각의 꼬리로 이어진다. 그 생각은 인간의 혁신을 가져오고 새로운 창조물을 만들어 낸다. 스스로 질문하고 스스로 대답하는 어린이는 생각이 많은 어린이다.

생각을 만들어가는 생각교육 ⑨

독서는 생각의 폭을 넓힌다

독서에서 얻는 성숙한 생각

독서는 새로운 지식과 지혜를 키워주는 보약 같은 존재다. 책 속에는 인간이 살아가는데 필요한 사유의 세계가 펼쳐져 있다. 때문에 독서는 '인생 경험의 축도'를 이루고 있다.

야마모토 슈고로의 작품 《긴 언덕》에 이런 구절이 있다.

> "사람의 일생은 길다. 단숨에 산꼭대기에 오르는 것이나 한 걸음 한 걸음 착실하게 올라가는 것이나 결국은 마찬가지이다. 그러나 단숨에 뛰어오르기보다 한 걸음씩 오르는 편이 가는 도중에 초목이나 샘, 그리고 여러 풍경을 볼 수 있으며, 한 걸음, 한 걸음씩 다져 왔다는 것을 통해 자신감을 갖게 된다. 이런 경험이야말로 강한 힘이 되기 마련이다."

참으로 의미심장한 말이다. 이 예는 독서 경험에서도 마찬가지로 적용된다고 생각한다.

고전이나 명작은 깊은 맛이 있다. 반드시 내용이 긴 것을 말하는 것은 아니지만, 아무튼 만화책을 읽듯이 가볍게 넘길 수는 없다. 난해한 부분에 부딪혀 두 번, 세 번 읽어 자기 나름대로 납득할 때도 있을지 모른다. 혹은 읽을 당시에는 몰라도 나중에 그 구절의 의미가 갑자기 생각나는 경우도 자주 있는데, 이는 책을 읽은 경험이 지혜로 자리 잡고 있기 때문이다.

확실히 독서는 발밑을 다지고 사방을 살피면서 산 정상을 향해 한 걸음, 한 걸음 오르는 등산과 비슷하다. 고전이나 명작은 다이제스트 책이나 결론만 요약한 것을 읽어 해치우듯 해서는 결코 안 된다. 고되고 힘든 등반 작업처럼 격심한 투쟁을 거쳐야 비로소 피와 살이 된다. 좋은 책을 심층적으로 읽으면 미래의 삶을 그리는 자산을 얻는다. 누군가에게 질문을 던지면 답을 쉽게 얻을 수 있을지라도, 그것은 마음 밖에 머무른 생각일 수밖에 없다. 그러나 책에 물어 얻는 답은 내가 발견한 성숙된 생각이다.

그뿐인가. 책 속에 길이 있다. 옛 인류의 삶이 담겨 있다. 작금의 세상 모습이 담겨 있다. 세상을 이끌어 온 사람들의 지혜가 담겨 있다. 미래의 모습이 그려져 있다. 우주 속 인간의 모습을 보여주고 있다. 인생을 살아가는 비결이 숨어 있다. 그러므로 어린이들이 책을 읽음으로써 과거의 세상부터 미래의 세상까지 탐험할 수 있다.

그러나 책을 가까이하지 않는 개인은 자기 정체성이 흐릿하고, 오늘을 살아가는 생활 모습이 또렷하지 않을 뿐만 아니라, 미래의 모습을 예측하기 어렵다. 그렇다. 독서에서 얻는 힘이 미천할 때는 '인생 경험의 축도'를 디자인할 수 없다.

잡스와 게이츠의 독서의 힘이 정보혁명을 주도

스티브 잡스1955~2011와 빌 게이츠1955~는 독서로 얻는 자산이 그들의 경영 능력과 IT 기술을 디자인하는데 큰 보탬이 되었다고 말한다. 그리고 그 사실에 다른 의견을 제시하는 사람은 없다. 그들은 한결같이 호기심이 많고 독서를 즐긴 21세기 최고의 CEO였다. 스티브 잡스도 독서광이었으며, 빌 게이츠 역시 오늘날 자신을 만든 것은 동네 도서관이라고 말할 정도로 독서를 즐겼다. 스티브 잡스와 빌 게이츠는 21세기에 세계 IT 기술의 혁신을 가져왔으며 미국 경제를 지탱하고 있다. 그럴 수 있게 한 근본적인 이유는 그들이 독서를 즐겼다는 것이다. 훌륭한 경영 리더십과 창의성을 독서로부터 얻었다고 스스로 말한 두 사람의 행적을 살펴본다.

스티브 잡스Steve Jobs는 혁신적인 제품을 만들어 낸 자양분으로 책을 꼽을 만큼 독서를 사랑했다. 그가 읽은 책 중에는 고전문학이 많았다. 스티브 잡스는 윌리엄 셰익스피어의 《리어왕》과 허먼 멜빌의 《모비딕》을 리더십과 경영관을 만든 바탕으로 꼽았다. 리어왕은 나이가 든 군주가 자신의 왕국을 분열시키지 않으려고 노력했던 이야기를 담은 작품인데, 스티브 잡스는 이를 통해 경영에 대한 통찰력을 얻었다고 한다. 또 모비딕에서는 추진력 있는 주인공의 이야기를 통해 간접 경험을 얻을 수 있었다고 한다. 그는 독서에서 얻은 창의력과 혁신, 카리스마적 경영 능력으로 애플을 세계 최고 IT 기업으로 성장시켰고, 그 경영자로서 우뚝 섰다. 애플Apple: 사과을 인간의 본질적 행동 패턴과 직관에 대한 인문학적 이해로 이끌었고, 사과와 아이폰Iphone을 융합하여 IT 제품 및 디자인에 반영한 스티브 잡스의 창의성은 세계를 변혁시킨 큰 생각이었다.

마이크로소프트 창립자 빌 게이츠Bill Gates는 1년에 약 50권의 책을 읽고 서평을 쓰는 사람으로 이름나 있다. 그는 항상 기술과 문학, 그리고 교양의 교차점에 서기 위해 노력했기 때문에 다양한 제품을 만들 수 있었다고 인터뷰에서 밝히기도 했으며, MS-DOS와 윈도스로 세계 컴퓨터 시장을 제압하였다. 그리고 소프트웨어를 개발하는 것에 그치지 않고 전 세계적인 네트워크를 통한 정보서비스 사업을 구상하는 등, '손가락 끝에 모든 정보Information At Your Fingertips'라는 기치 아래 최첨단 정보화 사회에 대한 비전을 제시하였으며, 해마다 벌어들인 소득을 사회에 환원해 기부왕으로 기억되고 있다.

안중근의 독립운동도 독서의 힘

독서에 대한 이야기를 할 때면 독립투사이며 교육자인 안중근 의사를 빠트릴 수 없다. 그의 "하루라도 책을 읽지 않으면 입안에 가시가 돋는다."라는 말씀은 인생을 바꾸는 명언으로 기록되고 있다. 그래서일까? 감옥에 계시면서도 책을 손에서 놓지 않았다. 안중근 의사의 훌륭한 인격과 생각은 독서에서 비롯되었다. 안중근 의사는 사형을 선고받은 뒤 '동양평화론'이란 책을 쓰고 있었다. 서론밖에 쓰지 못했기에, 이 책을 다 쓸 수 있도록 사형을 15일 연기해 주기를 청하였다. 일본제국주의자들도 안중근 의사의 높은 인격에 감동하여 전례 없이 사형을 연기해주었다고 한다. 안중근 의사의 인격을 미루어 짐작할 수 있는 대목이다. 그의 독서 습관은 '동양평화론'의 이념을 정립하는데 기여했고, 독립운동을 몸소 행동으로 옮기는 솔선수범을 보여주는 바탕이 되었다.

지금까지 담론으로 살핀 바와 같은 세 사람의 행적은 독서에서 얻는 자산이 한 개인의 생각의 폭을 넓히고 깊게 해준다는 것을 보여준다. 그리고 독서가 개인의 운명을 바꾸고 나아가 세상을 바꾸는 힘으로 기여한다는 사실을 증명하고 있다.

독서로 무한한 생각을 얻는다

청나라 금영金纓이 편찬한 《격언련벽格言聯璧》에는 '독서귀능의 의내가이계신讀書貴能疑 疑乃可以啓信'이라는 성어가 실려 있다. 이

성어는 "독서에서 가장 귀한 것은 의문을 갖는 것이다. 의문을 가지면 해답이 열린다."라고 해석된다. 원문에서는 '독서'를 말하고 있지만, 여기서 말하는 독서는 곧 학문이다. 인생을 찾고 학문을 증진시키기 위해 '질문을 갖는 자세'가 꼭 필요하다는 것이다. 독자가 책을 접하는 목적을 분명히 하고, 책에서 얻고자 하는 것에 대한 질문을 던져보라는 것이다. 질문이 없으면 책이 답을 하지 않기 때문이다.

독서의 힘을 더 이상 외치지 않더라도, 독서의 힘은 '인생 경험의 축도'를 디자인하는 바탕이 된다. '나는 누구인가', '나는 어떻게 살아야 하는가' 등 가장 근본적인 정체성을 마련해주고, 나를 바꿀 수 있게 해주기 때문이다. 이런 연유로 어린이들은 독서를 통해 자신에 대한 '질문'을 소중하게 키워나가야 한다. 그리고 이를 통해 자신을 뒤돌아보는 시간을 갖고 자신의 힘으로 '대답'을 찾아내야 한다. 생각하는 힘을 갖게 하는 이유가 바로 여기에 있다.

어린이들은 다가오는 세상의 주역이다. 책은 읽기 위해 만든다. 어린이들에게 책을 읽게 해야 미래가 있다. 책은 읽지 않으면 생명력이 없다. 그런데 우리나라 청소년들은 입시 공부에 대부분의 시간을 쏟는 나머지 독서 시간을 빼앗기고 있다. 그래서일까? 책을 읽는 학생이 없어 학교 도서관은 책의 공동묘지가 되어가고 있다. 교과서를 읽는 것도 독서일 수 있다. 그러나 교과서는 오프라인 지식으로 수렴되어 있는 고정된 지식의 결정판에 지나지 않아서 미래를 발견하고 고등사고력을 키우기에는 모자라지 않을까 한다. 책에는 무수한, 그리고 무한한 생각이 담겨 있지만 우리는 그 사실을 간과하고 있다. 독서를 통해 한없이 큰 생각을 챙겨보자.

생각을 만들어가는 생각교육 ⑩

글쓰기는 생각 쓰기다

사라지는 메모 습관

필자는 오늘도 글을 쓰고 있다. 독서로 얻는 생각을 정리한 자료, 여러 신문을 읽고 정리해 놓았거나 스크랩해놓은 자료, 평소 사유한 것들을 정리한 자료 등을 밑천으로 생각을 만들어가는 교육에 대해 쓰고 있다.

요즈음 전자 매체의 발달로 메모하는 습관이 일상생활에서 멀어진 지 오래라는 말을 자주 듣는다. 노트북 자판을 사용하여 생각을 메모하고 저장하는 이도 있는데, 그나마 다행이 아닐 수 없다.

조지 오웰의 글쓰기

《1984년》의 작가 조지 오웰은 '나는 왜 쓰는가'라는 에세이에서 글쓰기의 욕망을 네 가지로 나누었다. 첫 번째는 순전한 이기심이다. 남에게 똑똑해 보이고 싶고, 사후에 기억되고 싶은 글을 쓰는 부류이다. 오웰은 이러한 글쓰기는 정치인, 법조인, 군인, 성공한 사업가 등 최상층 사람들에게 주로 나타난다고 말하고 있다. 두 번째는 미학적 열정이다. 세상의 아름다움을 기록하여 남들과 함께 나누고자 하는 욕구이다. 예술가나 여행자의 글쓰기가 여기에 해당된다. 세 번째는 역사적 충동이다. 진실을 밝혀 후세에 전하려는 욕망이다. 신문의 칼럼, 팸플릿, 평론 등이 여기에 속한다.

이 글을 쓰고 있는 필자에게 '왜 쓰는가'라고 묻는다면, 오웰의 글쓰기 분류를 의식하지 않고 평소 필자가 학교 교육에 꼭 필요한 명제이면서도 못다 한 부분을 기록하기 위해서라고 답하겠다.

미래를 살아가는 학생들에게 주도적인 삶을 개척할 수 있는 역량, 20세기 산업화 시대의 일하는 자세라고 일컫는 '시키는 대로 열심히 일하기work hard'에서 21세기 제4차 산업혁명시기에서 일하는 자세 '똑똑하게 일하기work smart', 즉 머리로 승부하기 위한 역량을 기록하고 저장해 두면, 이 기록이 필터 역할을 하여 새로운 목표를 앞당길 수 있으리라 생각하기 때문이다.

이름을 남기기 위한 글쓰기

2,500여 년 전 춘추시대의 일이다. 노나라의 숙손표와 진나라의 범선자가 '죽어서도 오래 남는 것不朽·불후은 무엇인가'를 놓고 토론을 벌였다. 범선자는 자신의 선조가 대대로 귀족으로 이어졌음

을 들어 "집안이 대를 이어 현달하고 제사가 끊이지 않은 게 '불후'가 아니겠느냐."라고 말했다. 숙손표는 즉각 반박했다. 대를 이어 벼슬한 것은 훌륭한 일이지만 그것을 '불후'라고 할 수는 없다는 것이다. 그는 대신에 덕을 쌓는 '입덕立德', 공을 세우는 '입공立功', 문장을 남기는 '입언立言' 세 가지를 꼽았다. '삼불후三不朽'가 바로 그것이다. 《춘추좌전》 양공 24조에 전하는 이야기다.

죽어서도 오래도록 남는 덕을 쌓거나 공을 세우는 일은 천운이 받쳐줘야 한다. 반면 입언은 개인의 노력으로도 가능하다. 5,000년 중국 역사에서 입덕자와 입공자는 황제, 복희, 요순 임금, 우왕, 주공, 공자 등 몇 사람에 지나지 않는다. 하지만 입언한 사람은 적지 않다. 노자, 장자, 맹자, 관중, 손자, 굴원, 사마천, 반고 등 불후의 작품을 남긴 이들은 모두 '입언'을 이룬 자이다. 그래서 동양에서는 영원히 이름을 남기는 최선의 방법으로 입언, 즉 글쓰기를 꼽았다. 공자는 "군자는 죽은 뒤에 이름이 세상에 남지 못할까 걱정한다."고 했다.

옛사람들이 이름을 남긴 최상의 방법은 다름 아닌 글쓰기였다. 정리한 생각을 글쓰기를 통해 풀어낸 것이다. 글쓰기가 욕망의 실현이라는 점에서는 지금도 크게 다르지 않다.

기록이라는 헌신으로 목표를 달성

미국의 워싱턴 대학 등 유명 대학에서 학생들을 가르쳤고 지금까지 삶에 변화를 일으키는 놀라운 기록의 힘에 대해서 강의를 하고 있는 헨리에트 앤 크라우저 박사의 저서 《종이 위의 기적, 쓰면 이루어진다》는 성공을 끌어들이는 '기록'에 대해 설명하고 있다.

그는 이 책에서 "기록은 앞으로 인생에서 일어날 모험을 예견해 주는 것이며, 특정한 주제에 맞춰서 노트의 빈칸을 채워나가는 일이 특별한 기쁨을 주고, 그 글들로 인해 새로운 일이 일어날 것이라는 희망을 가질 수 있다."라고 했다. 그리고 기록하는 이유에 대해서도 밝히고 있다.

공상에 잠겨 있는 사람과 상상력을 사용하는 사람과의 차이는 무엇인가? 빌(이 책에 등장하는 인명)은 이 질문에 이렇게 대답하고 있다.

> "헌신이 그 해답이지. 상상력을 사용하는 사람은 일종의 행동가야. 그들은 무언가를 실현하기 위해 아이디어를 짜내고, 그것에 헌신하지. 하지만 공상에 잠겨 있는 사람은 그것을 실현시키기 위해 헌신하지 않아. 사람은 헌신하는 태도를 가질 때 무엇이든 성취할 수 있지. 그리고 기록이야말로 자신을 공상에서 끌어내 헌신에 도달하게 하는 다리야. 일단 목표를 종이에 옮겨 놓으면 기록이라는 행동을 통해 목표에 헌신하는 거야."

위대한 천재는 노트를 남겼다. 천재 화가 레오나르도 다빈치는 걷잡을 수 없는 상상력, 뜨거운 호기심, 다양한 분야를 포괄하는 창의력의 소유자로 알려져 있다. 레오나르도 다빈치를 만나려면 그의 노트를 만나야 한다고 한다. 다빈치가 노트에 남긴 호기심과 상상 기록은 자그마치 7,200쪽에 달한다고 한다. 온갖 종류의 글과 그림, 짧은 메모, 때로는 낙서처럼 보이는 것도 있다고 한다. 오늘날까지 전해지는 것은 그가 생전에 기록한 전체 분량의 1/4 정도에 불과하다고 전해지고 있지만, 레오나르도 다빈치의 삶은 그가 기록하는 대로 펼쳐졌다고 감히 말하기를 주저하지 않는다.

그렇기에 개인의 목표는 기록을 통해서 그 가능성에 도전할 수 있고, 목표 달성을 돕는 질문을 계속할 수 있다. 목표를 종이에 기록하여 두뇌의 일부분인 망상 활성화 시스템을 자극하고, 그 특별한 뇌의 시스템이 당신을 도와 목표를 이루게 하기 때문이다. 그리고 목표를 기록하는 행위는 그 시스템에 성능 좋은 필터를 설치하는 일이다. 일단 목표를 적기 시작하면 두뇌는 그 목표와 관련된 것들에 민감하게 반응하기 시작한다. 즉 개인의 삶은 기록한 대로 펼쳐진다는 것이다. 기록으로 어떤 일이 일어날 것이라는 믿음을 표현하게 되면, 결국 그것이 현실로 나타난다는 생각은 심리학자 융Jung이 말한 동시성Synchronicity이론과 그 맥락을 같이 한다.

생각 쓰기는 바람을 이룬다

베스트셀러 저자이자 의식 분야를 이끌어온 전문가로 이름난 삭티 거웨인Shakti Gawain은 자신의 저서 《그렇다고 생각하면 진짜 그렇게 된다》에서 마음속의 그림(생각)을 그려내는 시각화를 강조하고 있다. 시각화는 마음속의 이미지나 말 혹은 글이나 실제적인 이미지, 그림 등의 형태를 띤다고 한다. 이것이 글쓰기를 통해 마음의 그림을 그려내는 명상법이다. 이 방법을 행하면 자신이 진실로 바라는 것을 보다 분명하게 깨달을 수 있을뿐더러 그것을 현실화시키는 일도 더욱 수월해진다고 한다.

우선 단기적인 것이든 장기적인 것이든, 자신에게 중요한 의미를 갖는 목표가 무엇인지 생각해 본다. 그리고 나서 그 목표를 문장으로 분명하게 정리한다. 그런 다음엔 그 문장 밑에 '이상적인 상황'이란 제목을 달고, 목표가 완벽하게 성취되었을 때의 상황을 바라는 그대로 묘사해 본다. 자신이 이미 그런 상황 속에 있는 것처럼 현재 시제로 그려내는 것이 효과적이다. 그런 다음에 조용히 앉아서 몸과 마음을 편안히 하고 평온한 상태에서 자신이 바라는 가장 이상적인 상황을 마음속으로 그리면서 긍정화하는 일이 중요하다. 이렇게 이상적인 상황을 적어 놓은 노트를 가까이 두거나 걸어놓고 자주 들춰보면서 필요할 때마다 내용을 적당히 첨삭하고, 명상할 때마다 그 내용을 마음속으로 떠올려 본다. 그러는 과정에서 어느 날 문득 그것이 어떤 식으로든 이루어져 있는 것을 발견하게 된다는 것이다. 처음에 그렸던 것과 똑같은 것이 거의 똑같은 모습으로 내 삶 속에 이미 들어와 있기 때문일 것이다.

그래서일까, 이 책의 제목인 '생각을 만들어가는 생각교육'의 속성에 벗어나지 않는 내용을 거침없이 쓰는 것도 필자가 다양한 생각을 평소 싱크탱크에 디렉터리별로 기록해 놓은 유산이다.

이 페이지의 글을 쓰면서 이렇게 말하고 싶다. 꿈을 그려놓은 메모 하나가 기적을 일으킬 수 있도록 헌신해 보자. 그러면 이루어진다. 인생의 기적을 일으킬 수 있는 글쓰기는 생각 쓰기이고, 생각은 스스로 만들어가야 한다.

생각을 만들어가는 생각교육 ⑪

지적 탐구심을 유발하도록 유연한 사고를 가르쳐야 한다

유연한 사고

미국의 경영학자 피터 드러커1909~2005는 이렇게 말했다.

> "역사를 통틀어보아도, 자신이 선택한 삶을 살아온 사람은 매우 적다. 할 일은 태어날 때부터 이미 정해져 있거나, 아니면 윗분이 정해주었다. 그리고 어떤 사람이 맡은 일을 할 때 따라야 할 방법 또한 대개는 사전에 정해져 있었다. 결과들도 마찬가지였다. 즉 결과도 사전에 정해져 있었다. 그러므로 자기 자신의 일을 한다는 것은 자유 선택이 아니다. 그것은 허가사항이다."

피터 드러커의 논담이 지극히 지당하게 다가오는 이유는 무엇일까.

이 논담은 작가 이외수의 생각과 크게 다를 바 없기 때문이다. 그는 한국 부모들이 가진 자녀 교육관에 대해 뼈 있는 메시지를 던졌다.

> "요즘 아이들은 종이가 흔해 빠졌는데 왜 딱지를 접어서 치지 않는 것일까. 필요하면 무엇이든지 돈을 주고 사버리기 때문에, 대부분은 창의력이 없는 아이들로 자라게 된다. 부모들은 아이들이 다친다고 가위질조차 못하게 한다. 이미 오려져 있는 종이를 문방구에서 사게 만든다. 수많은 부모가 사랑을 빙자해서 자녀들의 다양한 잠재력을 무자비하게 말살하고 있는 것이다."

우리나라 부모들은 자녀를 과잉보호한 나머지 영혼마저 부모의 뜻대로 집어넣어 수동적인 인간으로 키우는 것과 다를 바 없다. 자녀들이 고정관념의 틀에 얽매이지 않는 다양하고 자유로운 생각을 할 수 있는 환경에 있는지, 유연한 사고의 발산이 가능한 환경에 있는지 심히 우려된다. 도저히 그냥 지나칠 수 없는 단면이다.

로봇 공학자이자 미국 UCLA 기계항공공학과 교수인 데니스 홍은 한국의 2015 개정 교육과정에서 적용되는 코딩 교육에 대해 한마디를 언급했다. 코딩 교육이 지금처럼 교사가 컴퓨터에 입력할 언어를 던져주고 학생들이 그걸 듣고 그대로 넣어 결과를 내면 끝나는 식의 소프트웨어 교육이라면 한계가 있다고 단언한 것이다. 개정 교육과정에서는 학생들에게 코딩 문법만 가르치려 하는데, 데니스 홍은 코딩 교육의 핵심은 어떤 문제가 있을 때 이를 해결하기 위해 문제를 정의하고 이해하고 논리적으로 해결하는 방법을 배우는 것이라고 강조했다.

바꾸어야 할 한국 교육의 단면을 지적한 데니스 홍은 문제에 대한 정답을 얻기까지의 과정에서 문제에 대한 접근 방식은 물론 해결방식이 유연해야 함을 강조하고 있다. 인간은 불확실한 정보를 접하게 되면 사고의 균형을 잃어 불안감을 갖게 되고, 균형을 회복하기 위해 노력한다. 즉 어린이들은 답을 얻어내는데 꼭 필요한 정보를 찾는 과정에서 당황하게 되고, 이를 해결하고자 지적 탐구심을 유발해 더욱 깊은 사고를 경험하게 된다.

불완전한 물음은 다양한 반응을 발산

초등학교 1학년 수학과 학습 활동에서 다음과 같은 유형의 문제를 주었을 때가 완전한 문제를 주었을 때보다 다양한 응답이 나온다.

□ - □ - 8 - □ - □

만약 보기와 같은 문제를 ( )-7-8-9-( )와 같이 수 계열대로 제시하였다면 응답은 (6)-7-8-9-(10)과 같이 한 가지만 나올 것이다. 그러나 보기의 문제처럼 여러 가지 방식으로 사고하여 답할 수 있게 불완전한 문제를 제공하면 어린이들은 다양한 반응을 하게 된다. 이처럼 놀라게 하거나 의혹을 유발하게 하고, 사고의 필요성을 절감하게 하는 방법이 있다.

6	-	7	-	**8**	-	9	-	10
10	-	9	-	**8**	-	7	-	6
4	-	6	-	**8**	-	10	-	12
2	-	5	-	**8**	-	11	-	14

곤란한 물음에는 우회적인 응답 처리

교실수업에서나 가정학습에서 아이들은 답하기가 곤란한 질문을 하는 경우가 많다. 고학년의 경우 '우리의 몸'에 대한 공부를 할 때 '선생님, 아기는 어떻게 낳아요?'와 같은 성관계에 대해 상상 밖의 질문을 하는 학생이 있을 수 있다. 이럴 경우 질문을 접한 선생님, 특히 여자 선생님일 경우 홍당무가 되어 당황하게 된다. 이렇게 교사가 당황하게 되면 학생들은 한바탕 웃게 되고 교실은 아수라장이 될 것이다. 이럴 때는 교사가 슬기롭게 '그래, 참 재미있는 질문이다. 아기를 낳는 것은 여러분이 어른이 되면 잘 알게 되겠지만, 열매가 맺는 것 같이…' 하며 꽃과 열매에 비유하여 윤리적인 언어를 사용하여 우회적으로 간단히 설명해 주면 된다. 이렇게 설명하면 학생들의 궁금증을 풀어주게 되는 것은 물론, 학생에 따라서는 보다 심도 있는 상상력을 발휘하여 한 차원 높은 생각을 유발할 수 있다.

난해한 발문과 응답 과정에서는 학생들의 인격과 교사의 인격이 손상되지 않는 범위에서 유연하게 대처할 수 있어야 한다. 즉 학생들의 인지 수준과 어느 정도 관련을 맺으면서 동시에 약간의 불일치, 인지 사고에 갈등을 유발할 수 있는 질문을 던지는 것이다. 또한 언뜻 보면 일리 있으나 모순되는 결론 또는 논증에 오류가 있다는 파라독스를 제공하여 생각의 반전을 일으키고, 수준이 더 높은 생각을 촉발시킬 수 있는 새롭고 도전적인 교육내용을 유연하게 제공해주도록 한다.

지적 탐구심 유발은 드로우 반응처리

학생들은 의문 덩어리라고 해도 과언이 아니다. 깊게 생각한 결과 나온 질문은 물론 무심코 던진 질문일지라도 대답하기가 난해하거나 어려운 경우가 많다. 이때 교사는 기어코 답변을 해주기 위해 구구한 설명을 늘어놓거나 정답을 말해주게 되는데, 그럴 경우 학습의 흥미가 떨어지게 된다. 질문을 한 학생이나 전체 학생에게 반대로 되물어 모두에게 조사해 보고 생각해보게 하거나, 그렇지 못한 경우는 '글쎄, 나도 미처 조사해 보지 못했구나. 우리 모두 조사하여 다음 시간에 이야기해 보자.'라고 하거나, 학생의 질문에 교사가 알건 모르건 '글쎄, 왜 그럴까? 한 번 조사해 보지 않겠니?' 하고 과제로 돌려주어 학생 자신의 힘으로 해결하도록 유연하게 대처하면 생각의 고리가 이어질 것이다.

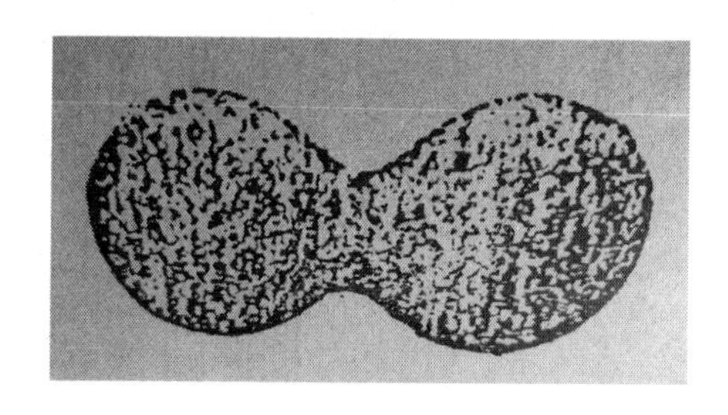

초등학교 4학년 교재의 역사영역 분야에 관련된 자료이다. 학생들에게 그림과 같은 자료를 제시하면서 '무엇에 사용되었을까?'라는 질문을 던진다. 이때 학생들에게 신기한 분위기를 만들어 주기 위해 그 대상물이 제작된 시대, 용도, 출처, 또는 생산법 등에 관한 정보를 전혀 주지 않는다.

그러면 학생들은 이 자료에 나온 것의 용도에 대해 다양한 반응을 보인다. 이렇게 호기심을 유발하여 학생들이 그 문제에 강한 집착을 보이게 만들면, 그다음에는 보다 발전적인 생각을 내놓을 수 있도록 분위기를 자극시키는 것이 중요하다. 그러기 위해서는 어떤 암시나 단서를 제공하는 것이 효과적이다.

A : 무척 무거워 보이는데요. 꼭 아령 같아요.

B : (A의 반응에)가운데 손잡이 부분이 너무 짧고, 또 그만큼 커 보이지 않아요.

C : 자연적으로 생긴 것은 아니고 사람이 만든 것 같아요.

D : 어떤 종류의 연장 같기도 해요.

E : 방아를 찧는데 사용했던 것 같아요. 그 당시의 사람들은 이와 같은 연장을 가지고 곡식을 찧었던 거예요.

이런 방식으로 계속 토의가 진행되다 보면, 학생들은 아무런 정보도 없는 미지의 대상물을 우리의 실생활과 관련된 친밀한 것으로 유추해 내는데 성공하게 된다.

이처럼 지적 탐구심을 유발하도록 하여 생각하는 힘을 키우는 교육 방법은 오고가는 탁구공처럼 답만을 요구하는 질문을 하고 정답만을 알려주는 핑퐁식 교육이 아니다. 유연한 사고력을 키우는 드로우 교육 방법이다.

제 III 장

생각은 어떻게
: 생각 만들기 공부

집단지성 교육을 이해하면 생각하는 교육의 방법이 보인다

놀이학습은 생각을 만들어가는 마당이다

제4차 산업혁명 시대의 핵심역량은 협창성이다

토론수업은 개개인의 사고를 융합한 고등사고력을 얻는 방법이다

지식탐구수업은 학문연구의 역량을 키우는 초석이다

논쟁수업은 비판적 사고를 연마하는 모판이다

협상 공부를 통해 모두가 이기는 전략의 지혜를 배운다

함께 공부하는 협동학습은 생각의 질을 높인다

현장체험 공부는 새로운 생각을 찾고 재생산해 내는 빅데이터다

학생 개개인의 창의성도 개인의 독창성에서 시작하지만, 끝은 개인이 관계 맺고 있는 사회적 관계나 개인이 몸담고 있는 문화적 토양 위에서 완성되는 것이다. 독창성의 꽃은 결국 협동의 창의성, 즉 협창성으로 끝을 맺는 것이다. 세상을 뒤집는 전대미문의 창조는 한 천재의 고독과 고뇌로 시작하지만, 결국 그것이 세상을 바꾸려면 수많은 사람과의 관계와 협업을 통해 이뤄지는 고단한 과정을 거쳐야 한다.

질문하지 않는다면 결코 대답을 얻을 수 없다.

집단지성 교육을 이해하면 생각하는 교육의 방법이 보인다

학습지도 대상의 변천

우리나라의 전통적인 학습지도는 사실상 개별지도 방법이었고, 개별지도는 진도나 교재에 변화를 주었다. 유교식 교육인 서당교육 및 밥상머리 교육이 대표적이었다. 소크라테스의 대화법이 개별지도였던 것은 말할 나위 없는 사실로, 소크라테스 대화법은 현대에 와서 재인식되고 재평가받고 있다. 소크라테스의 대화법은 탐구적인 점, 질문을 통한 교사와 학생 간의 상호작용, 귀납적인 방법으로서의 대화식 교육의 특징을 가지고 있다고 한다.

지금도 이러한 지도법은 개별교육 내지 학생의 개성을 살린 개성화 교육의 입장에서 바람직한 지도법이지만, 근래에도 인구의 증가로 인하여 대량교육 및 다인수의 학생으로 구성된 학급을 대상으로 일제수업이 성행해 왔다. 그런 와중에 이제는 학생의 눈높이에 적합한 개별지도의 효과와 필요성이 고조되고 있다.

소집단 지도는 일제수업과 개별지도의 중간적인 형태로 발달한 학습지도 방식이다. 소집단 지도는 상호작용의 역동성과 기능적인 운영방식의 장점을 살린다면 구성원의 다양성, 차별화된 사고의 이질성, 사고의 통합성을 기할 수 있어 매우 바람직한 학습지도 방법이라 할 수 있으며, 현재는 상당히 장려되고 있다.

집단지성 능력의 우수성

지금까지 언급한 소집단지도 방식의 관점에서 집단지성 교육의 유용성을 이야기해본다. 현대사회에서는 다양한 능력 중에서도 협업 능력과 개인이 가진 능력의 합, 똑똑한 소수의 전문가보다 더 나은 판단을 할 수 있다는 집단지성 능력을 으뜸으로 친다.

본디 집단지성 능력Collective intelligence skills은 미국의 곤충학자 윌리엄 모턴 힐러가 그의 저서 《개미: 그들의 발달·행동》에서 처음 밝혔다. 그는 개미가 하나의 개체만으로는 미미한 존재이지만 군집하면 높은 지능체계를 형성하고 공동체로서 협업하여 거대한 개미집을 창출한다는 논지를 밝혔다. 이 같은 논지를 우리 교육 현장에서는 집단지성 교육 방법으로 가치 있게 받아들이고 있다.

집단지성 교육의 행태

집단지성 교육은 제7차 교육과정 적용 시기부터 교육 현장에서 유용한 교수·학습 방법으로 회자되어 오고 있으며, 학습 개체들이 협력하는 더불어 학습으로 지혜를 가꾸는 교육이다. 여러 가지 학습 형태 중에서 가장 이상적인 형태는 학생 개개인이 학습의 주체가 되는 학습의 개별화라 할 수 있다. 그러나 개별학습을 뛰어넘어 소집단이나 대집단에서 이루어지는 토의학습, 두 사람 이상이 자신의 입장에 따라 나뉘어 공평한 규칙에 따라 자신의 입장을 주장하고 상대의 주장을 반박하여 논쟁하는 토론학습, 학습의 능력이 다르고 생각이 다른 학습자로 구성된 이질 집단 간의 사고 교류로 학습하는 협동학습, 학생자치활동과 현장체험학습 같은 집단탐구학습, 다양한 의사결정 상황에 직면할 경우 합리적인 의사결정을 내릴 수 있는 의사결정학습, 대립하는 의견을 조율하고 최종적으로 의사를 결정하는 과정 속 협상의 기법을 학습하게 함으로써 학생들로 하여금 의사소통을 통한 협상 능력을 키우는 협상학습 등은 집단지성 교육 방법의 행태들이다.

수업에서의 집단지성 교육은 형식상 개별학습을 마치고 소집단에서 사고의 교류작용이 이루어진 이후 전체를 대상으로 한 사고의 교류를 접하게 되는데, 이 같은 절차는 사고의 확장을 가져온다. 학습자 개개인의 사고는 한 가지 사고이고, 소집단의 사고는 여럿이 통합한 사고이며, 전체집단의 사고는 더 큰 통합된 사고이다. 사고의 확장을 거치면서 보다 우수한 사고의 질을 담보할 수 있고, 최선의 답을 얻을 가능성이 훨씬 높아진다. 예컨대 가능한 큰 집단에서 얻은 더 큰 통합된 사고력이 집단지성 능력이며, 집단지성 능력을 키우는 교육 행태가 집단지성 교육이다.

생각을 만들어가는 소집단 학습

집단지성 교육 방법에 속하며 소집단 토의학습이라고도 부르는 버즈학습 역시 사고를 확장하는 교육 방법으로 기여해 오고 있다. 버즈buzz학습은 미국 미시건 대학의 필립스phillips, J. Donald가 연구한 버즈 집회법buss Session에서 나온 것으로, 벌들이 윙윙하듯이 사람이 와글와글하는, 즉 소곤소곤 이야기하는 방식의 수업 형태를 말하는 것이다. 6명 정도의 학생이 그룹을 짜서 6분 정도 토의한다고 해서 6·6 토의법이라고도 한다. 이처럼 버즈학습은 소수의 구성원으로 토론이나 협의를 중심으로 하여 진행하는 방식이지만, 비판적 사고능력과 인간관계 기술을 결합하여 객관화된 우수한 지식을 도출하고 올바른 인간관계를 형성한다. 수업진행 과정에서 버즈학습을 통해 학생들은 자기의 의견이나 생각을 털어놓고, 모르는 것은 서로 일러주어 협력해 가면서 문제를 공동 사고로 해결한다. 이 학습은 지적인 학습에만 국한해서 성과를 올릴 수 있는 것이 아니고, 인간적인 면에서 서로 이해하고 그 이해를 통해서 노력할 수 있는 태도도 기르게 된다.

학교 수업에서도 버즈학습을 적용할 수 있는 경우가 많다. 수업의 도입단계에서 의문점을 중심으로 공부할 문제를 설정한 뒤, 문제를 해결하는 과정에서 소집단 토의를 통해 구성원의 아이디어를 산출하고 의견을 분석 및 종합하여 해결할 내용을 정리한다. 그리고 다음 시간의 예습적 과제를 도출한다. 예습적 과제의 해결 방법을 모색하는 과정에서 개별적인 사고보다는 집단지성의 힘에서 나온 사고가 훨씬 가치가 있고 유용하다.

다양한 교육 방법 중 개인의 사고가 주체가 된 개별학습은 학습자의 능력에 적합한 교육 방법을 처방할 때 매우 중요하게 취급된다. 그렇지만 고급 지식인 고등사고력은 집단 내의 여러 구성원이 협력하여 지적인 사고를 소통한 결과로 얻을 수 있다. 그래서 생각을 만들어가는 집단지성 교육은 앞으로도 객관화된 지성교육의 방법으로 널리 장려되어야 한다.

생각을 만들어가는 생각교육 ②

놀이학습은 생각을 만들어가는 마당이다

한국의 놀이문화

필자는 어렸을 때 동네의 골목길이나 마당이 넓은 초가집에서 친구들과 술래잡기를 하는 경우가 많았다. 필자가 사는 곳은 외딴섬으로, 놀이기구가 마뜩지 않았다. 할 수 있는 놀이는 구슬치기 놀이나 술래잡기 놀이 정도에 지나지 않았다. 술래잡기할 때는 술래에게 들키지 않도록 술래가 예상할 수 없는 독특한 장소를 찾아내 숨는다. 술래 또한 자기 나름대로 아이들이 숨어 있을 만한 장소를 예상하여 하나둘 찾아낸다.

우리나라의 놀이문화는 어떠할까? 우리나라 국민은 해방 이후 빈곤과 씨름하며 억척스럽게 살아왔다. 그런 문화에 익숙해져 있어서인지 놀이를 비롯한 문화생활을 즐긴다는 것을 죄악시하는 분위기가 있었다. 그래서 어린이건 어른이건 즐겁게 노는 것과 즐기는 것을 터부시했다. 오히려 노는 것과 즐기는 것은 미친 사람이 하는 짓이라고 놀렸다. 학생은 오로지 공부만, 직장인은 일에만 골몰해야 했다. 덕분에 한국은 세계에서 모범이 될 정도로 기적적인 발전을 이룩했으며, 그래서 한국의 발전은 한강의 기적이라고까지 칭송을 받았다. 그러나 이 과정에서 여유가 없었기 때문에 문화를 즐기고 문화를 사랑하는 멋이 부족하다. 그래서 질 높은 삶의 추구는 지금도 진행형이다. 근면과 노력, 절제만으로는 즐기고 사는 데는 한계가 있다.

지금까지도 어른들은 아이들이 놀이를 즐기는 걸 볼 때면 공부하는 시간을 소비하는 것으로 생각하거나 올바른 인성을 기르는 데 도움이 되지 않는다면서 탐탁지 않게 여기고 있다. 하지만 즐기는 문화가 확산되어야 스티브 잡스와 빌 게이츠를 탄생시킨 창의적인 토양을 가꿀 필요가 있다. 우리 어린이들이 선택한 일을 즐길 수 있도록 하는 교육 방법을 사용할 때이다.

놀이는 사고력을 증대

가정을 벗어나고 학교의 울타리를 벗어나서 놀이를 즐길 때, 아이들은 그들 나름대로 남다른 생각을 하게 된다. 기존의 갇혀 있던 사고의 틀을 벗고 나면 또 다른 좋은 생각이 싹이 트고 새로운 지혜의 규칙이 만들어진다. 술래잡기 놀이를 할 때 술래에게 발각되지 않도록 자기 나름의 기발하고 독특한 생각을 하는 것처럼, 새로운 것을 생각해내는 놀이는 그야말로 생각을 만들어가는 훌륭한 학습자원이다. 때로는 이와 반대로 쉽게 발각되지 않은 곳에 숨어 있으리라는 술래의 생각을 예상하여, 오히려 가장 쉬운 곳에 숨어버리는 등 역발상을 노리는 경우도 있다.

아이들이 즐기는 놀이를 어른들은 그저 단순하고 소모적인 것으로 여기곤 한다. 지금까지 이야기로 엮은 술래잡기 놀이는, 또래들이 스스로 결정하고 또래들 스스로 일치단결하여 주도하였으며 스스로 일정한 규칙을 만들었다는 사실이 중요하다. 어렸을 때, 시간이 가는 줄 모르고 즐겁게 놀았던 경험이 눈에 선하다. 술래잡기 놀이는 누가 시키지 않아도 또래들 스스로가 선택하고 결정하였기에 더 오래, 더 열심히 놀았다.

생각해 보니 술래잡기 놀이는 아이들이 자발적으로 나서고 아이들이 주도했기에 지루한 줄 모르고 어둠이 질 때까지 즐겼던 것 같다. 잠재적인 교육과정에 비춰보면 술래잡기 놀이는 자발성과 주도성, 그리고 즐거움이 있어서 놀이의 세 가지 요소가 갖추어진 셈이다.

놀이학습의 교육적 효과

아이들이 즐기는 놀이는 능동적이고 창의적이며 의사소통과 상호작용이 이뤄져 사회적인 아이로 커가는 아주 좋은 방법이다. 그래서 근래에는 놀이학습이 사고력을 키우는 교육의 방법으로 각

광을 받기에 이르렀다.

아이들이 즐기는 놀이에 대해 선생님이나 엄마들이 "안돼!"라고 말하는 것은 금물이다. 오히려 아이가 주도하는 놀이에 적극적으로 동참하는 것이 소임을 다하는 것이다. 아이가 "이거 만들자!"라고 했을 때, "그럼 엄마는 뭐할까?" 하고 물어보고, 아이가 놀이를 주도해 나갈 수 있도록 유도하며, 아이가 쌓는 블록을 보며 상상력을 자극하는 질문도 던져서 놀이의 즐거움을 더해 아이의 상상력을 키우도록 한다. 높은 곳에 블록을 쌓으려는 아이에게는 "좀 더 높이 쌓아볼까?" 하며 도전할 수 있도록 기운을 북돋아 주기도 한다.

그리고 아이가 어려운 일을 해냈을 때는 성취감을 듬뿍 느낄 수 있도록 칭찬해준다. 앞서 언급한 놀이의 세 가지 조건처럼, 어린이들이 즐기는 놀이는 아이 스스로 결정하고 주도하는 것에 더 큰 즐거움이 있기 때문에 시키지 않아도 더 오래, 열심히 놀게 된다. 게다가 그렇게 친구들과 노는 동안 아이들의 뇌는 더욱 발달하고, 더 능동적이고 창의적이고 사회적인 아이로 커가게 된다.

아이들이 유치원에 다닐 연령에 이르면 실내 놀이보다는 실외 놀이가 더욱 바람직하다. 위험 감수 놀이를 통해서 아이들이 스스로의 위험을 관리할 수 있는 능력을 증진시킬 수 있기 때문이다. 실

외 놀이가 필요하다. 실외에 있는 놀이터야말로 아이들의 창의성이 싹트고, 사회성이 자라는 공간인 것이다

그리고 어른들이 생각하기에 다소 위험이 따르는 실외 놀이터에서의 놀이를 통해 위험을 관리하고 대처하는 법을 배울 수도 있다. 도전할 수 있는 용기와 스스로 해결할 수 있는 힘을 길러주는 역할을 해주기 때문이다.

놀이학습은 일종의 탐색 과정이다. 정답과는 관계없이 문제해결 능력과 창의력, 자기주도력의 향상이라는 보상을 받게 된다.

놀이교육이 생각교육이다

아이를 키우는 부모라면 한번쯤 '우리 아이가 영재로 태어난 것은 아닐까?' 하고 심각하게 생각해 볼 것이다. 또는 반대로 '우리 아이는 영재가 아니다.'라고 성급하게 결론을 내버리는 부모도 많을 것이다. 교육학자이자 영재교육의 선구자인 독일의 칼 비테Kart Witte는 이미 19세기 초에 "영재는 만들어지는 것."이라고 말했고, 발달장애로 보이는 자신의 아들을 세계적인 천재 법학자로 키웠다. 그는 자녀교육의 비법을 이렇게 역설하고 있다. 아이에게 재능이 없다고 실망하지 말고 인내하라고. 아이와 함께 매일 산책을 하고 아이의 흥미를 이끄는 직접 경험도 권장했다. 그리고 공부를 강요하지 말고 즐기게 해야 하며, 공부에 몰입할 수 있는 환경을 만

들어 주면 스스로 공부할 것이라는 자성적 예언도 했다. 또한 시간을 효율적으로 활용하도록 유도하고, 휴식도 공부이며, 잘 노는 아이가 공부도 잘한다고 했다. 그는 자기 아들을 가르칠 때면 아들과 함께 게임을 즐겼고, 그 과정에서 글자를 가르치고 많은 낱말을 익히게 했으며 책을 읽게 했다. 특히 아들의 집중력, 관찰력, 기억력, 상상력, 조정력은 모두 놀이에서 나왔다. 그의 교육비결은 한마디로 놀이학습을 통해 결과보다 과정을 중시하는 흥미유발에 있었다.

영국 웨일스의 '플레이 웨일스'는 영국 웨일스 지역의 한 비영리단체인데, 아이들의 놀이에 관한 법률을 수립하는 데에 결정적인 역할을 한 곳이자 이름난 교육단체이다. 이곳에서는 매년 놀이 현황을 평가하고 그 평가를 정책에 반영하는 일을 하고 있으며, 놀이를 통한 어린이들의 교육 방법을 제시해 주고 어린이들의 창의성을 키워주는 교육 모멘텀 역할을 하고 있다. 이런 과정을 거쳐 어른들이 만들어준 놀이터에서 스스로 도전하고 만들어가는 놀이터로 변화하고 있다.

이젠 학교 교육은 물론 가정교육에서도 놀이가 교육에 있어서 중요한 역할임을 인식했으면 한다. 나아가 지역사회에서나 크고 작은 마을에서, 그리고 학교에서 아이들이 충분히 놀며 체험할 수 있는 환경을 만들어줘야 한다. 아이들이 재미를 느끼기에 가장 적절한 공부 방법이 놀이이기 때문이다. 놀면서 배우는 것은 까먹지 않는다. 재미가 있어야 몰입이 되고, 몰입이 돼야 두뇌가 개발되며, 학습 능력이 향상된다. 아이들의 놀이는 단순히 노는 것이 아니다. 사회가 놀이를 보는 관점은 변해야 하고, 학교는 바뀌어야 한다. 어른들이 달라질 때, 아이들은 스스로 놀이를 찾아갈 것이다. 그것이 바로 진짜 놀이이다. 아이들은 놀이를 통해 생각을 만들어 가면서 성장해 간다.

제4차 산업혁명 시대의 핵심역량은 협창성이다

제4차 산업혁명시대의 핵심역량

제4차 산업혁명이라는 이름을 지닌 새로운 시대는 점점 빠른 속도로 우리에게 다가오고 있다. 지금 우리가 무엇에 중점을 두고 어떤 변화와 시도를 할 것인지 정하는 바에 따라 우리의 미래는 크게 달라질 것이다.

제4차 산업혁명의 도래를 처음 세상에 알린 '2017 세계경제포럼'에서 발표한 '일자리의 미래The Future of Jobs' 보고서에는 4차 산업혁명 시대의 인재들에게 요구하는 10대 핵심역량이 제시되었다. 우선순위 순서에 따라 보면 복합문제해결 능력, 비판적 사고능력, 창의력, 인적자원 관리 능력, 협업 능력, 감성 능력, 판단 및 의사결정 능력, 서비스 지향성, 협상 능력, 인지적 유연 능력이다. 우리나라 아이들의 미래를 위해서 교육계가 주목해야 할 역량이다.

이 10대 역량의 공통적인 속성은 '사고(생각)'에 초점을 두고 있다는 것이다. 사고는 창조의 토양이다. 창조는 불편하고 불만족스러운 일을 해결하기 위한 방법을 찾고자 하는 궁금증에서 출발한다.

독창성과 협창성의 관계

유영만 한양대 교수는 창조와 협창성에 대해 설득력 있게 피력하고 있다. 창조의 나무는 불가능한 세계 너머에서 외롭게 숨죽여 자라다 불가능의 벽을 넘어 먼저 도달한 사람에게 기쁨의 선물로서 다가간다. 첫발을 내딛는 창조는 한 개인의 독창성이 필수적이다. 독창적이지 않은 창조는 없기 때문이다. 그런데 독창적인 아이디어는 대중의 생각을 바꾸지 못하면 그냥 아이디어로 머물고 세상의 변화를 주도하지 못한다. 대중들에게 낯선 생각을 가진 이라고 간주된 독창적인 개인은, 결국 대중들이 익숙한 방식으로 그들을 설득해야 한다. 아무리 좋은 아이디어라고 할지라도 그 독창성을 다른 사람들이 인정해주지 않으면 무용지물이기 때문이다.

따라서 '한사람'의 창의력, 즉 독창성보다 '사람들'의 창의력, 즉 집단의 창의성이나 협동의 창의성이 앞으로 개인은 물론 기업의 핵심적인 경쟁력이 될 것이다. 아이디어는 개인이 내지만, 그것을 적용하는 과정은 집단으로 이뤄지기 때문이다. 독창적인 아이디어는 내가 미처 생각하지 못한 허점이나 한계를 지적하고 비판하는 쓴소리를 귀담아듣고, 그 피드백을 건설적으로 수용하는 관문을 통과하고 나서야 비로소 세상에서 빛을 볼 수 있는 창조로 연결되는 것이다.

개인적으로만 창조적인 사람은 그 창조성이 개인의 영역에 머문다. 창조적인 사람은 나와 다른 생각을 갖고 있는 사람을 인정하고 배려하는 포용력을 지녀야 할 뿐만 아니라, 내가 경험해보지 못한 타인의 아픔을 공감하는 능력도 갖고 있어야 한다. 타인에 대한 이해 없는 창조는 역사의 뒤안길로 잊히는 무명인의 독백으로 끝날 수 있다.

독창성의 꽃은 협동의 창의성

학교 교육에서 창의적 상상력을 촉진시키는 교수법의 출발은 교사가 아닌 학생들의 창의적인 생각이다. 그 창의적인 생각은 마중물 없이는 저절로 나오지 않는다. 그러니 가르치는 사람은 자신이 알고 있는 답을 먼저 제시하고 학생들로 하여금 무조건 따라오게 해서는 안 된다. 학생들이 제기하는 질문, 주고받는 대화, 그리고 학생들의 아이디어와 의견에 대해 가르치는 사람의 입장을 일방적으로 강요할 경우 학생들의 창의적 상상력은 거기서 멈추기 때문이다.

지시와 명령보다는 질문과 우회적 진술로 학생들의 호기심과 궁금증을 유발하고 인지적 불협화음을 조성해야 한다. 그렇게 깨진

인지 체계의 균형을 회복하기 위해서 오히려 학생들은 스스로 탐구하면서 답을 찾기 위한 앎의 여정을 떠난다. 교사는 일리가 있다는 가능성의 문을 열어놓고, 학생들이 또 다른 가능성의 문을 찾아 떠날 수 있도록 부단히 격려하고 장려하는 분위기와 여건을 조성해야 한다. 학생 개개인의 창의성 발현도 학생과 학생, 학생과 가르치는 사람이 맺는 사회적 관계, 그리고 가르치는 사람과 배우는 사람이 만들어가는 학습문화에 따라 좌우되는 것이다.

학생 개개인의 창의성은 개인의 독창성에서 시작하지만, 결과적으로 개인이 관계 맺고 있는 사회적 관계나 개인이 몸담고 있는 문화적 토양 위에서 완성된다. 독창성의 꽃은 결국 협동의 창의성, 즉 협창성으로 끝을 맺는 것이다. 세상을 뒤집는 전대미문의 창조는 한 천재의 고독과 고뇌로 시작하지만, 결국 그것이 세상을 바꾸는 과정은 수많은 사람과의 관계와 협업을 통해 이뤄지는 고단한 과정인 것이다.

생각을 만들어가는 생각교육 ④

토론수업은 개개인의 사고를 융합한 고등사고력을 얻는 방법이다

토론이 왜 중요한가

생각을 만들어가는 교육 방법으로서 토론이 중요한 몫을 할 것인가에 대해 질문을 던져본다. 이 질문에 대한 글쓰기가 이루어지려면 답이 정리되어야 한다. 글쓰기는 생각의 쓰기이고 생각은 만들어져야 한다. 그런데 만들어진 생각은 필자의 경험에서 우러나온 것일 때 가장 진솔할 것이다.

필자가 겪었던 학교에서의 수업과정을 뒤돌아보면 학생들을 대상으로 토론학습을 적용했을 때가 그렇지 않았을 때보다도 질 높은 다양한 생각을 얻을 수 있었다. 토론을 학습의 방법으로 적용한 필자의 경험을 멀리하고 이미 밝혀진 이론만을 이 장에 정리했더라면 진솔한 내용에는 미치지 못했을 것이다. 아무래도 토론을 적용한 경험은 생각을 만들어가는 교육 방법인 토론의 유용성을 이해시키는 가장 빠른 길일 것이다. 필자는 토론이 생각의 깊이와 폭을 넓히고 나아가 민주시민의 자질을 키우는 확실한 자원이라고 거듭 밝힌다.

토론수업의 무게

한편 토론의 효과를 탈무드의 이야기가 인증해 준다. 즉 탈무드가 인류에게 던진 가르침에서는 "한 마리의 생선을 주면 한 끼의 식량이 되지만, 고기 잡는 방법을 가르치면 평생의 식량이 된다."라고 했다. 답을 주는 교육보다는 가장 좋은 답을 찾아 싸우는 토론수업이야말로 평생의 식량을 얻는 길일 것이다.

그렇다면 토론에는 어떤 힘이 존재하기에 평생의 식량이라고 감히 주장할까? 토론을 무작정 말싸움 정도로 이해하는 사람들이 많다. 토론은 반대opposition와 대안alternative을 양축으로 한다. 즉 토론과정에서 반대를 하려면 근거와 대안을 제시하는 일이 생명이다. 상대의 생각에 반박을 하려면 반박을 하게 된 근거를 찾고, 상대의 생각이 부족하거나 오류가 있다는 사실에 비추어 합당한 생각을 대안으로 제시해야 한다. 때문에 토론은 다양하고 질 높은 생각을 얻는 방법이다.

그렇다면 학교 수업에서 토론은 어떤 무게를 지니고 있을까? 토론수업은 토론이 주 활동이 되어 수업에 참가하는 학생들로 하여금 설정된 목표를 달성하도록 하거나, 토론의 쟁점에 대하여 학생들이 자신의 생각이나 사상, 의견 등을 집약하여 합의점을 찾는 수렴converge과정이다.

이와 같은 의의를 지닌 토론수업은 다른 행태의 수업이 지니지 못한 단점도 있지만 여러 가지 장점이 더 많다는 견해가 중론인데, 이 장점이 곧 토론수업의 특징이자 무게이다.

첫째, 토론은 수평적 관계를 전제로 하고 참여자 개개인의 생각이 다름을 인정하는 데서 출발한다. 서로가 다름을 인정하지 않는다면 토론은 성립할 수 없다. 그래서 서로 다름을 타협할 때 보다 나은 안案과 좋은 생각을 도출할 수 있다.

둘째, 토론수업은 대화나 회화와 달리 비교적 여러 사람이 모인 집단에서 어떤 문제를 해결할 때 의견을 교환해 가기 때문에 원만하고 바람직하게 해결방안을 찾는 특징을 지닌다. 토론을 통해 얻고자 하는 것은 문제의 해결방법이지만, 집단 속에서 한 사람 한 사람이 자유롭고 명확하게 의견을 발표하고, 또 다른 사람의 의견을 너그럽게 잘 받아들여 편견이나 특정인의 의견을 따르는 것이 아니라 원만하고 합리적이며 가치 있는 결론을 얻기까지 협동적으로 문제를 해결하는 태도를 기를 수 있다. 또 협동을 통해 문제를 해결하는 습관과 인격을 기르는 일도 토론의 또 다른 목표이다. 그러므로 민주적이고 협동적인 인간을 기르고자 할 때는 토론수업을 적용하는 게 바람직하다.

셋째, 토론수업은 소집단이든 대집단이든 일정한 규모의 집단학습에서 이루어진다. 집단학습을 통한 토론학습이 개별학습이나 경쟁학습보다 학습에 적극 참여하여 '무임승객 효과를 줄이고 공동 사고에 의한 학습이 진행되기 때문에' 집단 간의 편파intergroup bias를 줄

일 수 있어 긍정적 상호존중감을 심어주는데 도움이 된다.

넷째, 개인적인 사고를 기반으로 다양한 사고를 통합할 수 있어서 질적으로 우수한 문제해결 과정과 구조화된 지식을 산출할 수 있는 지름길이 된다.

소통이 있는 교실의 환경

교육심리학자이며 제19대 서울특별시교육청 교육감을 역임한 문용린도 미래학교의 교실에 변화를 이끌기 위해서는 새로운 수업이 스마트폰이나 컴퓨터 터치로 다 해결되는 주입식 교육이 되어서는 안 된다고 했다. 그는 방대한 정보 중에 꼭 필요한 핵심 정보를 찾아 어떻게 하면 나만의 정보를 재창조해 내느냐의 '문제해결력'을 가르쳐야 한다고 강조하면서, 그 방법으로 토론으로 수업을 이끄는 거꾸로 수업을 피력하였다.

토론이 없는 교실을 상정해 보자. 교실에서 토론이 없을 경우, 해결해야 할 논쟁거리가 단순한 사고로 해결이 가능하거나 획일적인 사고에 의하여 해결이 가능하다는 경우라 할 수 있다. 토론과정이 필요하지 않고 이미 정해져 있는 정답이 있기 때문이다. 달리 말하면 사고의 교류가 필요로 하지 않는 경우이다. 소통과정이 없는 의사결정이기에 최고 의사결정권자에 의해 일방적으로 이루어진 권위적인 교실 문화가 존재할 뿐이라 추측할 수 있다. 이 같은 교실에서 공부한 학생들은 교사의 생각이 금과옥조로 둔갑하며, 학생들의 창의성을 기대하는 것은 꿈에 지나지 않는다.

토론은 이성적인 판단을 내리는 과정이다. 이성적인 판단은 이성적인 사고가 소통하기 때문에 생긴다. 이성적인 판단은 토론에 참여하는 구성원들 사이에 갈등과 대립이 발생한 상황에서 집단이 민주적으로 의사를 결정할 때 적합한 방식으로 작용한다. 토론이 있는 수업을 진행할 경우, 교사는 학생들에게 토론하는 방법을 일러주는 일을 우선해야 한다. 학교 교육 현장에서도 토론수업이 활성화되기까지는 교사의 권위적인 리더십을 다소 허용한다. 교사의 노력 없이는 질 높은 토론 수업을 기대할 수 없기 때문이다. 그렇다고 토론수업 전체를 교사가 주도해서는 안 된다. 토론수업의 방법을 학습자가 숙지할 때까지는 학습자와 함께 공존하지만, 교사가 판단했을 때 어느 수준까지 토론문화가 정착된 이후부터는 학습자가 토론을 주도하게 하는 교사의 인내가 필요하다.

한편 교사는 토론수업에서 활발한 의사소통이 이루어지도록 촉진자 역할을 수행해야 하며, 이 책무를 결코 소홀히 해서는 안 된다. 참여자의 능동적이면서도 적극적인 태도가 충족되었을 때 활발한 토론을 기대할 수 있기 때문이다. 즉 토론과정에서 이해관계에 따라 의견이 대립하는 상황이나 서로의 신념과 가치관이 충돌하는 상황에서 토론을 통해 나와 의견이 다른 사람도 존중하게 되고, 여러 사람들의 의견을 경청할 때라야 보다 합리적으로 판단하고 문제의 해결책을 도모할 수 있기 때문이다. 그리고 토론수업에 전 구성원이 참여하도록 유도하고 토론과정에서 참여자가 제기한 아이디어와 메시지에 칭찬과 관심을 갖는 격려자로서의 자세도 필요하다. 비판적인 사고도 창의성인 활발한 사고에서 우러나온 우수한 사고력이다. 그러니 비판적인 사고를 장려하는 토론의 촉매자로서 주제에 접근하는 토론이 가능하도록 조언해야 한다.

토론수업은 고등사고력을 창출

토론이 있는 수업은 개방적이면서도 민주적인 학습풍토가 조성되었을 때 효과를 거둘 수 있다. 교실에서 이루어지는 제반 학습활동은 물론, 학생 중심 자치활동에서도 토론문화가 숨 쉬고 있어야 한다. 그러기 위해서는 교사가 수업을 주도하는 것이 아니라 학생들의 곁에서 헬퍼helper:도우미로서 존재해야 한다. 토론 참여자들은 논제에 대한 개개인의 독창적인 사고를 융합하고 객관적인 기준을 통해 협력하면서 최선의 대안을 선택하게 된다. 때문에 토론은 사고의 소통 기법으로 아주 우수한 학습 형태이다.

교사의 입장에서는 학교에서 수업의 질을 높이기 위해서라도 토론수업이 장려되어야 한다. 학생의 입장에서는 각 학문 영역에서 공통적으로 요구되는 능력인 논리력과 비판적 사고능력을 키울 수 있다. 또한 개개인의 사고를 융합한 학습 결과를 얻을 수 있게 한다. 이런 학습 방법을 터득하기 위해서라도 토론이 학습기법으로서 선호되어야 한다. 토론수업은 교사 주도가 아닌 학습자 주도로 이루어지기 때문에 학습의 책무성과 고등사고력이라 부르는 메타 인지적 지식을 창출하는데 기여하기 때문이다.

토론이 있는 교실은 이성적 판단이 교류하는 마당

간과할 수 없는 것은 토론을 통해 개개인의 사고와 개체의 인격을 중시하는 현대사회에서 민주적인 의사결정의 경험을 체득하는 걸 중요하게 여겨야 한다는 것이다. 이를테면 토론에 참여한 자신의 주장에 대한 합리적인 이유를 제시하고, 상대방의 주장이 어떤 점에서 잘못되어 있는지를 충분히 논박하는 과정이 생략되면 비합리적인 결론이라도 다수의 의견이라면서 학습자들이 비판 없이 그 의견에 휩쓸릴 위험이 있다. 수적으로 열세라 할지라도 보다 합리적인 의견을 가진 소수 집단이 얼마든지 있을 수 있고, 이런 소수를 존중하는 것이 성숙한 민주 시민의 자세이기 때문이다.

토론을 통해 자기의 주장을 합리적으로 펼치고, 상대방의 주장을 열린 마음으로 듣고, 상대방의 주장을 사리에 맞게 비판하는 자세 또한 중요하다. 토론과정에서 나만 옳다는 독단과 독선은 문제해결에 결코 도움이 되지 않는다. 내 생각이 틀릴 수도 있다는 것을 인정하고, 다른 사람의 의견에 귀를 기울이는 열린 자세가 필요하다. 토론은 갈등과 이견이 존재하는 사회 집단의 크고 작은 문제를 해결하기 위한 가장 합리적이고 민주적인 의사결정 과정이며, 동시에 집단 내 의사소통이 이루어지는 마당이다. 토론이 민주사회 시민으로서 갖추어야 할 품격 있는 의사소통 능력과 문제해결 능력을 키우는데 기여하고 있음은 두말할 나위 없다.

누가 뭐래도 토론이 숨 쉬는 교실은 학습자가 이성적인 근거를 통해 논리적으로 판단하는 '이성적 판단력'을 모체로 한 소통의 장으로, 민주시민의 자질을 키우는 요람이라는 데도 이론의 여지가 없다.

지식탐구수업은 학문연구의 역량을 키우는 초석이다

지식탐구수업이란

지식탐구수업은 일반적으로 개방된 학습 분위기에서 교수·학습에 가설을 많이 사용하고 이 가설과 관련된 신뢰성 있는 자료를 사용하여 불확실한 과정을 검증해 가는 사고 과정이다. 지식탐구수업은 단편적인 사실을 낱낱이 기억하여 습득하는 것이 아니다. 네트워크network(연결)되어 있는 지식의 전체구조를 파악하는 것이며, 논리적 사고로 전체와 부분과의 관계를 통찰을 통해 명료화된 일반화 지식으로 규명해 내는 것을 목표로 한다. 즉, 둘 이상의 사건이나 사실의 관계에 의한 가설을 객관적인 자료로 입증하고, 그 결론을 일반화 지식으로 산출된다.

필자가 2017년 광주광역시에 소재한 모 대학교에서 1·2학기 동안 5개 학과의 3학년을 대상으로 사회과교육 심화과정을 강의한 내용 중 지식탐구에 대해 강의한 사례를 소개한다. 일반화 지식을 명료화하는 지식탐구수업모형 중 가장 널리 적용되는 마샬레스의 반성적 사고모형에 관한 강의는 학생 개개인의 생각을 흥미진진하게 열어가는 역할을 했다. 이 사고모형은 마샬레스가 제시한 안내, 가설, 탐색, 입증, 일반화 등 5단계 사고절차를 거친다.

지식탐구수업의 실제

안내 단계에서는 가설을 제기하기 전에 다양한 언어자료를 통해 제기하게 될 가설에 대한 질문의식을 갖도록 정보를 안내했다.

"여러분은 세계 4대 문명 발상지에 인류가 창출한 불가사의한 문화유적이 존재함을 알고 있다. 그런데 왜 불가사의한 문화유적이 탄생하였는지 생각해 본 적이 있는가?"

이런 물음을 던지고 생각하도록 하여 응답을 유도하는 등, 주제에 대해 탐구하지 않으면 안 된다는 궁금증을 심어주었다.

다음 단계에서는 가설을 던졌다.

> "세계 4대 문명발상지는 사람이 살기에 좋은 환경을 갖춘 곳에서 발생했다."

이 가설을 제시한 후, 학생들에게 물었다. 이 가설에 동의한 학생은 거수해주기를 요구하자, 각 학과 학생들은 깊은 생각을 마친 후 90%의 학생이 가설이 맞다는 쪽에 거수했고, 나머지 학생 10% 정도가 그렇지 않다고 거수했다.

탐색단계는 가설을 타당한 것으로 만들어 줄 수 있는 증거를 찾아내는 활동이다. 강의자는 학생 자신이 선택한 가설에 대한 근거를 댈 수 있도록 탐색할 것을 요구했다. 탐색할 자료는 세계지도, 해당 문명 발상지의 기온, 날씨, 강수량을 파악할 수 있는 기후도와 지형도 등이었다. 이렇듯 근거가 될 만한 각종 자료를 탐색한 후, 학생들 스스로 자기의 생각을 정리하도록 했다.

입증 단계에서는 설정된 가설이 타당한지를 밝히는데, 학생들은 탐색단계에서 여러 가지 자료를 분석하여 정리한 생각을 근거로 밝혔다. 그들은 4대 문명 발상지별 기후, 강수량, 흐르는 강 등의 자연환경과 문명 발상지의 대표적인 문화재와 유적을 근거로 제시했다.

■ 메소포타미아 문명 : 건조기후로 주변에 사막이 발달하고 강수량이 매우 적으며 유프라테스강·티그리스강 주변에서 발달했다. 기원전 3000년대부터 갈대 줄기나 철필로 점토판에 쐐기형의 글자를 새긴 설형문자를 사용했다.

■ 이집트 문명 : 건조기후로 주변에 사막이 발달했고 강수량이 매우 적으며 나일강이 흐른다. 피라미드와 스핑크스와 같은 불가사의한 건축물이 발달하는 등 찬란한 문명을 이루었고 태양력과 측량술이 발달했다.

■ 중국 문명 : 건조기후로 황토와 사막이 발달하고 강수량이 많지 않으며, 황하강이 중국 대륙을 통과한다. 채색 토기와 세계 최초 문자로 거북 배딱지와 소의 어깻죽지 뼈에 새긴 갑골문자가 발달했다.

■ 인더스 문명 : 건조기후로 주변에 사막이 발달했고 강수량 많지 않으며 인더스강이 흐른다. 건조기후 지대를 벗어나면 열대우림이 발달해 있는데, 그곳은 세계적인 다우지역이다. 모헨조다로 건축물이 유명하고 그림문자인 상형문자를 사용했다.

변증된 사고

90% 정도의 학생들은 "세계 4대 문명 발상지는 사람이 살기에 좋은 환경을 갖춘 곳이다."라는 가설에 동의했지만, 탐색 과정을 거쳐 가설의 타당성 입증을 마치고 나자 가설이 잘못되었음을 파악했다. 이후 가설의 타당성을 입증한 학생들은 잘못 진술된 가설을 수정하기에 이르렀다. 학생들은 의견을 모아 "사람이 살기에 나쁜 자연환경일지라도 물을 쉽게 구할 수 있는 지역이라면, 사람들은 개척정신을 통해 문명을 일으켰다."로 수정한 가설을 제시했다. 인간들이 살아가기에는 최악의 환경일지라도, 강이 흘러 물을 쉽게 구할 수만 있다면 개척정신을 발휘하여 농사를 짓고 과학을 발달시켜 문명이 발달했음을 밝혀낸 것이다.

이 같은 일련의 수업과정이 지식탐구이다. 뿐만 아니라 지식탐구수업은 보다 깊은 탐구력을 정진시킬 수 있다. 이를테면 고비 사막이나 사하라 사막 등은 건조기후 지역일지라도 강이 발달하지 않아 문명이 탄생하지 않았으며, 에스키모인이 사는 동토 지역은 강이 흐를지라도 농사를 짓기엔 적합하지 않아 문명이 탄생하지 않았음도 파악했다. 즉 기후가 나쁜 지역일지라도 강이 흐른다면, 인간들은 살기 나쁜 조건을 이겨내고 자신들이 생활할 수 있도록 자연환경을 개척하였다는 것이다. 그 결과 학습자들은 자연환경이 우수한 지역보다 먼저 문명이 일어났음을 깨닫게 되었다.

인간이 살기에 좋은 여건을 갖춘 곳에서는 구태여 지혜를 짜낼 필요가 없다. 오히려 인간이 살기에 어려운 환경일수록 이를 극복하기 위한 의지가 대단했고, 살기에 적합한 환경으로 개척하고자 온갖 지혜를 모았다는 사실을 역사적으로 증명할 수 있었다. 이처럼 지식탐구수업을 통해 누구나 타당하다고 인정할 수 있는 명료화된 일반화 지식을 탐구해 냈다.

지식탐구수업은 학문연구 역량의 초석

그렇다. 앞의 사례와 같은 지식탐구수업은 단편적인 지식이나 오류로 점철된 지식을 지양하고 사회현상과 자연현상 속에서 사실 및 개념들 간의 관계를 파악하여 각 학문 영역의 개념과 원리에 해당되는 일반화 지식을 얻게 해준다.

때문에 지식탐구의 경험은 고착화되어 있는 기존의 사고를 다시 반추하여 새로운 가설을 수립하고, 가설을 입증하기 위한 탐구를 지속하여 더 발전된 고급지식을 습득하며 고등사고력을 얻을 수 있게 하는 학문연구의 초석이 되는 수업이다.

생각을 만들어가는 생각교육 ⑥

논쟁수업은 비판적 사고를 연마하는 모판이다

왜 논쟁수업인가

논쟁은 서로 다른 의견을 가진 사람들이 각각 자기의 주장을 말이나 글로 논하여 다툼하는 것을 말한다. 실제적으로 생활 속에서 이루어지는 상당수의 논쟁은 답이 없어 다툼에 머무는 경우가 많고, 밤새워 토론해도 평행선을 달리는 경우가 허다하다. 그런데도 교육 현장에서 논쟁 수업을 적극 적용해야 하는 이유가 있다. 논쟁은 비판적 사고를 연마하는 모판이기 때문이다.

두 가지 논쟁거리에 대한 비판적 사고

논쟁의 결과는 좋은 다수 의견을 모으는 것이다. 그러나 논쟁에서는 좋은 소수의견이 있으면 다수 의견이 바뀌게 된다. 이 같은 논쟁 사례 두 가지를 소개하고자 한다.

첫 번째 사례는 다음과 같다.

> 현역 입영 소집에 응하지 않은 양심적 병역거부자에 대한 사회적 논쟁거리를 들 수 있다. 2018년 6월 28일 헌법재판소가 양심적 병역거부자를 위한 대체 복무 방안을 마련해 놓지 않은 병역법은 위헌이라고 결정했다. 그러나 헌법재판소에 내린 결정을 내리기 전인 2004년 7월, 대법원에서는 양심적 병역거부자의 양심의 자유가 국방의 의무보다 우월한 가치라고 할 수 없다고 판단하고 양심적 병역거부자의 유죄를 확정하는 등, 양심적 병역거부자의 견해를 옹호하지 않았다.

당시에는 헌법재판소조차 양심적 병역거부자가 입영을 기피할 경우 처벌하는 관련 병역법은 합헌이라고 결정했다. 사회적으로 이슈화된 사회적 논쟁거리도 국가와 지역에 따라, 문화적·사회적·정치적 환경에 따라 인간의 사고가 변화하면서 그 가치관도 함께 변화한다.

이 사례는 당위적인 규칙에만 집착하다 보면 헌법 가치에 희생되는 경우가 있음을 보여준 사례이기도 하다. 따라서 더 좋은 의견은 논쟁에 의하여 밝혀질 수 있다.

두 번째 사례는 다음과 같다.

1980년 중반쯤으로 기억한다. 무더운 여름날 모 신문에 교통순경이 교통 위반 범칙금과 벌점을 부과하였는데, 그것이 기사화되어 사회적 논쟁거리로 부각된 적이 있다. 이 기사를 필자가 강의하고 있는 광주의 모 대학교 학생들에게 논쟁 사례로 제시하고 논쟁을 유도했다.

> 진통에 괴로워하는 산모를 태운 영업용 택시 기사는 산모의 건강과 태아의 건강이 걱정되어 빨간불이 켜져 있는 신호등을 무시하고 산부인과 병원으로 차를 몰았다. 마침 지나가던 교통순경이 이 영업용 택시가 교통을 위반한 사실을 발견하고 택시 기사에게 범칙금과 교통 위반 벌점을 부과했다.

학생들에게 택시 기사의 행위에 대한 입장과 교통순경의 행위에 대한 입장, 즉 대립하는 두 가지의 가치 중 하나를 선택하여 그 가치에 대한 입장을 재천명하게 되는 이유를, 근거 들어 존중하고 확언하도록 하였다.

학생들의 논쟁은 팽팽하게 진행되었다. 논쟁 과정에서 학생의 1/2은 법치 국가라는 근거를 통해 교통순경의 입장을 선택하였다. 선택한 근거는 이렇다. 교통 규칙은 규범적이고 당위적인 것으로 누구나 공히 준수해야 국민의 안전과 생명을 지킬 수 있기 때문이다. 나머지 1/2의 학생들은 택시 기사의 입장을 선택했다. 선택 근거는 인간의 생명을 존중하는 일이 무엇보다도 우선 가치이기에 택시 기사의 행위가 정당했다고 주장했다.

대립하는 학생들에게 서로의 주장을 듣게 한 후 입장 변화를 살펴보았다. 교통순경의 입장을 선택한 학생 3명이 인간의 생명이 우선이라는 근거를 듣고 택시 기사의 행위가 정당하다는 쪽으로 입장의 변화를 보였다. 모든 학생이 심사숙고를 거듭한 결과 가치의 변화를 보인 것이다.

이어 자기가 선택한 가치를 존중하고 확언해 보도록 하였다. 교통순경의 입장을 선택한 학생들은 민주 사회에서는 사회의 질서와 안녕을 유지하기 위해 법을 지키고 정해진 규칙을 준수해야 한다고 주장했다. 그럴 때 비로소 우리의 생명이 존중될 수 있다면서, 이 같은 경우가 실제로 발생할 경우에 교통순경의 입장을 지지하고 이에 따르도록 솔선하겠다는 확언을 했다.

반대편인 택시 기사의 행위가 정당하다는 주장을 편 학생들은 교통법규를 일부러 준수하지 않은 게 아니며, 우선 산모의 생명을 보전하고 안전한 출산을 위해 신호등을 따르지 않은 것이니 괜찮다는 논리를 펴면서 교통법규를 어겼어도 교통범칙금과 벌점을 주지 않아야 한다고 주장했다. 만약 택시 기사에게 교통범칙금과 벌점을 준다면 택시 기사의 행위가 정당하다고 관계 기관의 담당자에게 설득하겠다고 확언했다.

논쟁수업은 생각 속의 생각을 만나는 것이다

이 논쟁 사례는 개인적으로는 사건에 대한 가치를 쉽게 선택할 수 있을지 모르나, 사회적인 합의가 이루어지지 않고는 정正·반反을 논하기가 어렵다. 이 사건에 대한 판단은 주관적인 것보다는 객관성을 담보할 수 있는 타당성을 확보해야 진정한 가치를 파악할 수 있다.

사실 이 논쟁의 기반이 된 사건이 발생한 당시에, 택시 기사는 교통순경으로부터 범칙금 및 벌점 통보를 받았다. 하지만 사회적 논쟁거리로 이슈화가 되고, 나중에는 다수의 시민이 택시 기사의 행위가 정당하다는 여론을 형성함으로써 결국 교통 위반 범칙금과 벌점이 면제되는 객관적인 사회적 합의가 이루어졌다.

논쟁수업에서 야기되는 논쟁은 말싸움이 아니다. 그렇다고 다수결에 의해 결정되는 방법 역시 아니며, 비판적 사고를 통한 더 좋은 생각을 이끌어내는 창의성의 발로이다. 논쟁거리가 된 사회적 이슈는 개인에 따라 가치를 부여하고, 가치를 획득하기까지의 사고 과정은 결코 단순한 사고가 아니다.

'생각 속의 생각thinking in thinking'을 만나는 과정이다.

협상 공부를 통해 모두가 이기는 전략의 지혜를 배운다

협상이란

협상은 한자로 協商(화할 협+장사 상)으로 표기한다. 거래가 이루어지기 위하여 힘을 합하는 행위라고 의미를 부여할 수 있다. 구체적으로는 개인 또는 집단, 국가 사이에서 서로의 관계를 변화시키기 위해 서로의 의견을 교환하는 과정이다. 협상 과정에서 '나는 이기고 너는 진다.'라는 철학을 갖고 눈앞의 이익만 추구하는 사람은 상대방과 오랫동안 관계를 유지할 수 없다. 협상은 서로가 이기는 '윈win-윈win 게임'을 추구하는데 있다. 협상을 이루기 위해서는 협상자의 자질과 전략이 필요하다. 전략은 생각의 질에 좌우된다. 서로가 상대편의 전략을 파악하고 접근하는 전략을 펼쳐야 한다. 상대의 전략을 파악하는 것도 지혜이고, 전략을 펼치는 것도 지혜이다.

협상 전략가

협상에서 전략을 펼치기 위한 지혜가 왜 필요한가?

질문을 던져 본다.

오늘날뿐만 아니라 앞으로도 세계 각 국가는 국가 간의 이슈가 생기면 협상을 통하여 해결할 것이라는 사실에는 의심의 여지가 없다. 개인 또는 집단 사이에서 서로의 관계를 변화시키기 위하여 서로의 의견을 교환하는 협상의 과정이 필요하다. 협상은 서로가 서로에게 필요한 것을 줄 수 있을 때 이루어지는 것이다. 국가 간에 이루어지는 협상에는 상대 국가의 이데올로기를 인정하고 이해와 양보를 하면서 큰 선택을 할 수 있을 만한 슬기로운 지략을 갖춘 유능한 전략가가 필요하다. 부족한 전략가는 자기의 입장만 고수하나, 유능한 전략가는 자기의 입장만 고수하게 되면 협상 전체를 망칠 수 있다는 점을 상대방에게 설명하는 지혜를 지니고 있다. 입장은 출발점에 불과할 뿐이다. 협상은 서로 다른 입장에서 출발하여 상호에게 만족스러운 타협점을 찾는 것이다.

협상의 의의

우선 협상 공부를 제기하기 전에 '북미 정상회담'을 통해 '협상'의 의의에 대해 접근해 보도록 한다.

북미 정상회담은 2018년 6월 12일 도널드 트럼프 미국 대통령과 김정은 북한 국무위원장이 싱가포르에서 사상 최초로 가졌다. 북미 정상회담에서 양 정상은 완전한 비핵화, 평화 체제 보장, 북미 관계 정상화 추진, 6·25 전쟁 전사자 유해 송환 등 4개 항목에 합의하였다. 그러나 이 글을 쓰고 있는 2018년 11월 30일 현재까지, 북미 간 비핵화 협상은 교착 상태에 빠지는 것 아니냐는 우려가 나올 만큼 지지부진하다. 제1차 북미 정상회담에서 약속한 내용을 전진시키지 못하고 있는 큰 원인은, 북한의 비핵화를 위해 서로 간의 입장만 확인하고 있을 뿐, 서로가 손해를 보지 않고 이득만 챙기고자 하고 있기 때문이다. 상대의 속마음을 헤아리는데 긴 시간을 허비하고 어느 한 쪽도 쉽사리 양보를 하지 않고 있는 것이다. 그래서 이미 합의한 과제를 조속히 해결하고자 하는 2차 북미 정상회담을 2019년 2월 27일부터 28일까지 베트남 하노이에서 가졌다. 이 회담은 '제재 완화' 등을 둘러싼 양측의 합의 실패로 결렬에 이르렀다. '북미 정상회담'을 성공으로 이끌기 위해서는 이어서 밝히게 될 '협상의 원칙'을 준수해야 할 것으로 본다.

북미 간 대화를 이어가기 위한 방법은 어느 한쪽이 이득을 챙기고 다른 한쪽이 손해를 보는 행태에서 벗어나는 것이다. 협상은 서로가 손해를 감수하고 양보를 전제로 할 때 이루어진다. 그래야만 양자 모두가 이기는 윈-윈 게임으로 다다르게 될 것이다.

윈-윈 하는 협상 공부 ①

이를테면, 아파트 소유자가 1억 원에 매도할 것을 희망하고, 아파트를 매수하고자 하는 사람은 9천만 원을 희망한다고 가정해 보자. 매도인과 매수인 양자가 자기의 희망 가격만 고집한다면 거래는 성사되지 않는다. 즉 실패-실패Lose-Lose 게임이 되어 모두 지는 게임이 되는 것이다. 부동산 중개인은 거래를 성사시키기 위해 양자가 일정 한도 내에서 양보해줄 것을 중재한다. 이때 매도인과 매수인은 협상에 임한다. 그 결과 매도인은 2백 5십만 원을 양보하고, 매수인도 2백 5십만 원을 양보하여 9천 5백만 원에 거래할 것을 약정한다. 매도인과 매수인 모두 자기의 목적을 달성하기 위해 각각 2백 5십만 원을 양보함으로써 거래가 성사되기에 이른다. 양자 모두 똑같은 2백 5십만 원씩의 손해를 감수하는, 즉 똑같은 액수를 양보하여 목적을 이루는 윈-윈 게임에 다다른 것이다. 결국은 손해와 양보를 전재로 할 때 비로소 협상이 성사된다. 협상이 성사된다는 것은 서로가 의도한 입장을 성취해 모두가 이기는 게임이다.

협상에서 모두가 이기는 게임에 이르기 위해 협상에 임하는 자는 지략을 갖춘 유능한 전략가여야 한다고 앞서 언급했다. 그런데 유능한 전략가는 태어나는 것이 아니라, 다양한 경험의 축적에 의해 만들어지는 것이다.

윈-윈 하는 협상 원칙

협상을 공부하려면 협상 상대끼리 지략 대결을 펼치면서도 서로 이기는 전략을 학습해야 한다. 그리고 이를 위해 학생들로 하여금 협상에서 이기기 위한 기초기술을 맛보게 해야 한다.

먼저 협상을 원활하게 진행하기 위해서는 '협상 원칙'을 지켜야 한다. 이 원칙은 ①문제와 사람을 분리시키고 ②입장이 아니라 이해관계에 초점을 맞추며 ③서로 이득이 되는 옵션을 개발하고 ④협상을 성사시키는 객관적인 기준을 사용한다.

이 같은 네 가지 원칙은 원칙적으로 적대적face to face인 것이 아닌 협조적side by side인 것으로서, 공동으로 문제를 해결하는 방법 또는 과정이라고 이해하는 것이 바람직하다. 이러한 이해에 따라 문제를 공동으로 해결하는 과학적인 틀이 존재하고, 이 틀에 따라 협상 공부를 수행하면 문제를 합리적으로 해결될 가능성이 높기 때문이다.

이상에서 밝힌 협상의 네 가지 원칙의 틀을 밝혀본다.

먼저 협상 공부에 참여한 학생들은 유능한 문제 해결자이다. 목표를 해결하기 위한 가장 좋은 대안은, 가르치는 선생님이 상호협동적인 의사소통을 통해 집단적인 의사결정이 이루어진다는 것을 인정하는 데서부터 출발한다.

〈공부 방향〉

교사는 참여자 모두가 공감할 수 있는 대안을 놓고 토론하도록 한다.

〈협상 원칙〉

• 학습에 참여한 학생들은 모두 문제 해결자들이다.

• 협상목표를 해결하기 위한 대안은 상호 협동적인 의사소통을 통하여 집단적인 의사결정으로 이루어진다.

① 문제와 사람을 분리시킨다.

• 학습자와 서로 신뢰 관계를 유지하고, 문제에는 강하게 해결의 집념을 갖는다.

• 학습자의 인상과 선입견과 무관하게 수업을 진행한다.

② 입장이 아닌 이해관계에 초점을 맞춘다.

• 학습자가 원하는 것이 무엇인지 도움을 줄 일이 무엇인지 파악한다.

• 이해와 양보할 수 있는 큰 생각을 갖는다.

③ 상호 이득이 되는 옵션을 개발한다.

• 서로가 이득이 될 수 있는 새로운 아이디어 및 대안을 개발하고 결정은 나중에 한다.

• 상대방의 진정한 의도를 파악한다.

④ 객관적인 기준의 사용을 주장한다.

• 의지와는 무관하게 객관적인 기준에 근거한 결과를 얻기 위해 노력한다.

• 마음을 열고 이성적이 된다.

• 지시와 명령이 아니라 누구나 타당하다고 수긍하는 대안을 선택한다(원칙에 양보한다). 합리적인 대안을 선택할 수 있도록 설득을 하거나 선택된 대안을 지지하고 확언한다.

이 협상 공부에서 학습자는 상대방의 마음을 열게 만드는 사교 기술과 협상에서 줄 것은 주고, 받을 것은 받는다는 정직성과 신뢰성을 가져야 한다. 협상 상대방의 강점을 존중하고, 상대를 인정하는 존경심과 친밀감이 있어야 하며, 협상 문제는 해결이 불가능한 장벽이 아니라 뛰어넘을 수 있는 장애물로 간주하여 능히 해결할 수 있는 능력자라고 믿고 신뢰를 갖게 한다.

이 네 가지가 갖추어지면 협상에 임하는 전략가다운 자질을 지니고 있다고 봐야 할 것이다. 전략가다운 자질을 갖춘 협상파트너와 함께한다면, 모두가 이기는 협상을 한다는 철학을 가지는 것이 중요하다. 그리고 협상에서 협상가가 갖추어야 할 전략의 중요성을 과소평가하지 말아야 한다. 전략은 지혜를 쌓아온 학습의 소산이다. 협상 문제는 국가, 회사, 집단 간의 사안事案과 사건이지만, 협상의 주체는 오로지 사람이기 때문이다.

윈-윈 하지 못한 협상 공부②

필자가 생각하건대 독자들께서는 '협상 전략의 지혜'를 접하는 과정에서 협상의 기초기술을 맛보았다. 다음의 자료를 접하면, 연인 사이인 두 사람(A)과 교수(B) 사이에 이루어진 협상 결과가 협상의 원칙에 미치지 못했음을 알 수 있을 것이다. A는 결국 재수강을 받게 되었는데, 재시험이라도 성사시키기 위해서 A가 어떤 전략으로 B와 협상을 했어야 바람직했는지 질문을 던져 본다.

학년말 평가에 결시한 두 연인의 딜레마

미국의 어느 대학에서 같은 학과에 다니는 연인 두 사람은 학년말 시험을 치루지 못했다. 시험 전날 데이트를 하느라 시험 대비를 소홀히 하여 결국 시험 당일 결석을 하고 말았던 것이다. 두 연인은 지도교수께 결시 이유를 전화로 전해드리기로 했다. 구체적으로는 아주 멀리 떨어진 곳에서 승용차로 학교에 등교하던 중 승용차의 바퀴에 펑크가 나서 시험 당일 정시에 도착하지 못했다고 거짓말을 하는 것이다. 덧붙여 펑크가 난 그곳은 승용차의 바퀴 교체 서비스를 받기 쉽지 않은 오지라는 것도 밝히기로 했다.

그런 후 연인은 시험 당일 아침에 전화로 지도교수께 미리 정해둔 이유를 들어 학기말 시험에 결시를 할 수밖에 없다고 전해드렸고, 지도교수는 일단 어려운 사정을 이해하고 재시험 날짜를 잡아 재시험을 치르도록 허락했다. 그렇지만 지도교수는 재시험을 하락하면서도 납득이 어려운 결시라는 의문을 가졌다.

결국 두 연인이 시험 당일 결시하게 되자, 지도교수는 재시험 날짜 당일 본시험 때 결시한 원인을 묻기로 했다. 그 이유가 타당하면 재시험에 응하도록 허락하는 대신, 재시험을 볼 경우 좋은 학점을 부여할 수 없는 학교 규칙을 따를 속셈이었다. 재시험 당일, 지도교수는 그들의 이유가 명료한지를 확인하고자 재 시험장에서 두 학생의 탁자를 멀리하여 앉게 하고 백지에 다음과 같은 물음을 제시한 뒤 물음에 답이 일치하면 진짜 재시험 자격을 주기로 했다.

물음① 학년말 시험 당일 어느 도로의 어느 지점에서 펑크가 났는가?
물음② 어느 방향의, 앞뒤 바퀴 중 어떤 바퀴에 펑크가 났는가?

그러나 두 연인은 물음에 일치된 응답을 쓰지 못했다. 결국에는 두 연인이 시험 전날 데이트에 열중한 나머지 결시하게 된 연유를 파악하게 된 지도교수는 두 학생에게 재시험의 기회를 주지 않고 재수강을 받도록 통보했다.

이 사례는 두 연인이 자백하여 용서를 구하는 대신, 부끄러움을 줄이고자 자백하지 않고 경우의 수를 노린 얄팍한 속셈이었다. 두 연인이 상대에게 신뢰를 갖게 하고 상호 이득이 되는 옵션을 제시하였더라면 협상은 성공하였을 것이다.

다음의 이야기를 살펴본 후 두 연인이 서로 간에 신뢰를 갖고 아파트 문제를 원만히 해결하여 결혼이 성사되기 위해서는 어떤 협상 결과를 도출해야 할지 궁리해 본다.

아파트 한 채를 각각 가지고 있는 두 연인은 결혼하기로 약속했다. 그런데 우선 해결해야 할 문제는 각기 소유하고 있는 아파트를 처리하는 일이다. 결혼이 성사되도록 아파트 때문에 야기되는 갈등을 해결하기 위한 다양한 갈등 전략을 궁리하고 협상으로 해결해 보자(다만 남자가 소유한 아파트 시가는 여자가 소유하고 있는 아파트 시가보다 20% 낮다).

실제 우리 생활 주변에서 이와 유사한 사례가 적지 않다. 이를 협상으로 해결하여 결혼에 성사하기까지는 여러 경우의 수가 있으나 최선의 방법이 있다. 무엇일까? 최선의 방법은 전략이다. 전략은 지혜이다. 지혜는 생각에서 우러나온다.

협상의 전략은 현명한 사고

협상은 상대와 탁자에 마주 앉아 대화하는 단순한 만남이 아니며 머리싸움이다. 그리고 협상의 목표를 달성하기 위해 '나는 이기고 너는 진다.'라는 철학을 갖고 서로의 입장만 고수하면 협상은 결렬된다. 협상에 돌입하기 전에 자신의 입장과 목표 한계점을 설정하고 임해야 한다. 그리고 협상 도중에 막다른 골목에 이르면 최초의 입장을 수정하는 등 유연하게 대처해야 한다. 이런 식으로 양보하면 신뢰 분위기가 형성되고, 상호 간 만족스러운 결과에 도달할 가능성이 높아진다. 분명한 입장과 목표를 갖고 협상에 임하면 손해 보는 것이 아니라 자신감과 융통성을 갖고 타협에 이를 수 있다.

그래서 협상에 참여하는 자는 지혜로운 전략가가 되어야 한다.

그리고 전략가는 지략을 갖추어야 한다. 지략은 현명한 사고의 틀에서 나온다.

생각을 만들어가는 생각교육 ⑧

함께 공부하는 협동학습은 생각의 질을 높인다

함께한 도움주기 공부

협동학습은 학생들의 능력이 다른, 즉 이질적인 능력을 지닌 학생들을 소집단으로 구성하여 집단 구성원 간의 상호협력을 통해 이루어진다. 이 같은 협동학습은 공동의 학습 과제를 해결하고자 하는 교수 전략이자 수업 및 학습 방법으로, 모든 교과의 지식·기능·가치 목표 달성에 높은 효과가 있음이 검증되고 있다. 학습자는 타인 속에 혼자 존재하는 것이 아니라 공동체에 참여하여 기여하는 존재이고, 그럼으로써 사회적으로 의미를 갖는 존재로 간주되는 것이다. 따라서 학습 목표의 달성은 개별적인 노력보다는 구성원 간의 협동과 상호작용에 의해 이루어지기 때문에 개인이 갖는 사고력보다는 보다 우수한 사고력을 형성해 준다.

협동학습은 문제 해결, 탐구, 의사결정 등의 고등사고 능력과 의사소통 참여 등 인간관계면에서의 능력 신장에 큰 효과를 지니고 있다. 또한 열린 교육이 추구하는 열린 인간, 열린 마음 관계라는 목표에 부합해 수준별 학습에서 추구하는 수월성 확보와 현실적 요구를 동시에 충족시킬 수 있는 가능성을 열고 있는 학습 방법이기도 하다. 공부에 참여하는 학생이 함께 생각하며 서로 가르치는 공부 방법이기 때문이다.

협동학습에는 여러 형태가 있는데, 그중 집단탐구Group Investigation 공부 사례는 혼자서 공부하는 것보다 함께 참여하는 학생 모두의 생각의 질이 높아질 것이라고 짐작할 수 있다.

[협동학습 사례]

김 교사는 수업 시작하기 2주일 전에 '환경오염'에 관한 수업을 할 것이라고 미리 예고를 하고 한강에 관한 자료들을 학급에 비치하여 관심을 가지고 보도록 하였다. 1차시가 시작될 때, 김 교사는 한강 오염 문제를 학급 전체 탐구주제로 제시하고, 학생들에게 한강 오염에 관해 더 구체적으로 알고 싶은 질문을 연습장에 적어 보라고 지시하였다. 5분 뒤에 짝끼리 서로의 질문을 비교해 보게 하고, 다시 5분 후에는 앞뒤로 두 쌍, 즉 4명이 한 집단이 되어 서로의 질문을 비교하고 정리하도록 했다. 5분 후에 한 소집단의 대표가 자기 소집단의 정리된 질문을 발표하고 김 교사는 이를 칠판에 적었다. 모든 소집단이 발표한 후에 김 교사는 학생들과 함께 칠판에 적은 질문을 비슷한 것끼리 6개의 범주로 묶고, 이를 구체적으로 탐구할 하위주제로 정하고, 학생의 선호에 따라 비슷한 구성원을 가진 6개의 탐구집단을 조직하였다.

김 교사는 다음 날 책상을 6개의 소집단으로 배치하여 각 소집단의 책상 위에 하위주제를 적은 카드를 놓았다. 학생은 등교하면서 자신이 선택한 주제가 놓여 있는 책상에 앉았다. 아이들은 우선 토론을 이끌고 연구를 주도할 리더를 선출하고, 탐구활동을 기록하고 모든 상황을 구성원들에게 알려주는 역할을 하는 서기를 선출하였다. 또한 나중에 집단의 연구 결과를 발표할 발표자도 미리 선출하였다. 그런 다음에 보다 구체적으로 무엇을 탐구하며 어떻게 활동할 것인지를 협의하였다. 이때 김 교사는 소집단마다 순회하면서 문제가 있는 소집단을 도와주었다. 20분 동안 이 과정을 진행한 다음, 소집단마다 자신들의 계획을 포스터로 제작해 오라는 과제를 내주었다. 다음날 각 소집단은 포스터를 가져왔고 이를 학급 게시판과 교실 벽에 게시하였다.

이제 학생들은 전체 학급원에게 주어진 주제와 자신들이 해야 할 하위주제, 그리고 다른 집단과 자신들의 주제가 어떻게 관련되어 있는지도 알게 되었다. 김 교사는 각 집단이 그들의 계획대로 탐구를 수행하는가를 확인하고, 문제에 봉착한 소집단을 도와주었다. 그리고 항상 각 구성원이 정보를 수집해오면 이를 서로 나누고 그중에 의미 있는 것을 요약하도록 지도하였다. 김 교사는 각 집단이 탐구한 결과를 검토하고 주제에서 벗어나지 않도록 조언하며, 발표하는 방식에 대해서도 조언하고 필요한 것을 준비해주었다. 그리고 각 집단의 발표자들을 모아 발표 일정을 협의하였다.

각 집단은 인터뷰, 테이프, 슬라이드, 차트 등 여러 가지 방식으로 보고를 하였고, 보고가 끝난 뒤 김 교사는 각 소집단의 발표자로 구성된 편집위원회를 만들어 각 소집단의 자료를 편집하여 한강 오염에 대한 학급보고서를 제작하였다.

김 교사는 소집단이 활동하는 중에도 계속 소집단의 활동에 대해 평가하였으며, 편집위원회에서 만든 보고서를 학생들에게 나누어 준 뒤 1주일 후 단답식과 논술식 문제로 개인별 평가를 실시하였다.

모두의 사고를 높여주는 협동학습

소집단 구성원은 학급원 규모에 따라 다르나 4~5명 정도가 바람직하며, 집단 내 구성원의 능력은 이질적이어야 한다. 한 소집단이 5명일 때는 '우수 수준 1명, 보통 수준 2명, 하위 수준 1명, 소집단의 장 1명'으로 구성한다. 수준이 이질적이라고 할 때 지적 교과를 대상으로 하는 학습일 경우에는 구성원의 학습 능력을, 기능 교과를 대상으로 하는 학습일 경우에는 구성원의 학습 관련 기능의 능력을 말한다.

협동학습에서 이질집단을 강조한 이유는 이런 이유 때문이다. 계곡의 높이가 같으면 물이 고여서 썩게 된다. 높이가 달라야 물이 위에서 아래로 흘러내린다. 소집단 구성원도 능력 차가 있을 때 물이 흐르는 것마냥 사고의 교류가 활발히 이루어져 주고받는 상보학습이 가능하다. 그리고 과제를 혼자서 해결하면 한가지 생각에 지나지 않으나, 여럿이 모여 생각을 교류하면 수준 높은 생각이 모여 더 큰 생각에 다다를 수 있다.

협동학습은 학생들의 고등사고력을 형성하게 하며, 질적으로 우수한 사고력은 학력을 제고하는데 효과가 있다고 알려져 있다. 능력이 낮은 학생은 능력이 높은 학생의 학습 전략을 관찰하여 사고를 이어받아 모방학습이 가능하며 자신의 사고력을 높일 수 있기 때문이다.

뿐만 아니라 학습자끼리 우수한 사고를 교류하는 것과 동시에 인간적인 감정과 감성까지 교류하기에 전인적인 인간을 육성하는 데 기여하는 학습 형태라 할 수 있다.

현장체험 공부는 새로운 생각을 찾고 재생산해 내는 빅데이터다

빅데이터는 크기volume, 속도velocity, 다양성veriety을 속성으로 하고 있다. 기존의 데이터보다 방대한 정보와 자료를 수집하여 저장하고, 이를 빠른 속도로 분석하여 정형화 데이터인 센서 및 운영 데이터와 데이터베이스(DB) 정보, 반정형화 데이터인 웹로그, 소셜미디어 피드 등의 정보, 비정형화 데이터인 비디오나 리치 미디어 등의 정보 데이터로 구분한 통계를 산출하고 공통점을 추출해 능동적으로 변화를 예측하는 기술을 함축하고 있다.

자연현상은 빅데이터

가정을 벗어나고 학교의 울타리를 벗어난 현장field에는 살아 움직이는 자연현상과 사물의 생성과 변화가 끊임없이 일어난다. 즉 원인과 결과의 관계인 인과성을 습득할 수 있는 생각 자원이 널브러져 있는 빅데이터의 장이란 뜻이다. 자연현상에서 자연과학이 나오고, 사회사상에서 사회과학이 쏟아진다. 사상과 현상들은 그야말로 오감을 통해서 느낄 수 있다. 느낄 수 있다는 것은 생각이 전제되지 않고서는 설명이 불가능하다.

필자는 경기도 고양시에서 살고 있는 며느리에게 무엇을 요구하거나 부탁하는 일을 가능한 자제한다. 다만 다음의 일만은 부탁한다. 틈이 나면 뜰에 나가 손녀들과 함께하라고 권장한다. 총체적 교육관Holistic Education:홀리스틱 입장에서 보면, 한 개체가 인간답게 성장하기 위해서는 '환경과 우주 등의 전체적 관계 속에서 성장하는 전인적 통합체'로서의 인격체를 추구해야 하기 때문이다. '총체적 교육'은 교육의 힘을 생각할 때 만고에 변하지 않는, 그리고 변해서는 안 될 교육의 왕도王道이다.

가정을 벗어나고 학교의 울타리를 벗어난 현장은 인간이 살아가는 모습과 지혜가 숨 쉬고 있다. 애들은 현장과 더불어 살면서 현장의 가르침으로 인간됨을 공부한다. 현장에 저장되어 있는 빅데이터가 인간을 가르치고 인간의 미래를 예측한다.

'자라 씨'라는 애칭으로 존경받는 삼림 연구의 대가인 일본 다카하시 노부키요 씨의 에세이 《숲에서 놀다》에는 이렇게 적혀 있다.

"밤의 숲의 아름다움은, 특히 만월이 뜨는 밤은, 있잖아요.

> 산등성이와 하늘과 경계가 확실히 보여서 마치 판화 같아요. 조금 전에도 말했지만, 정말로 흰 것과 검은 것의 세계예요. 그리고 이것은 직접 외출한 사람만이 맛볼 수 있는 세계이기도 하지요. 그야 사진이나 비디오를 찍으면 어느 정도는 볼 수 있을지 모르지만, 느낄 수는 없습니다. 왜냐하면 느끼는 것은 눈뿐만이 아니지요. 피부로는 기온과 습도를 느끼고, 코는 밤의 숲 속의 냄새를 맡아요. 귀로 들리는지 들리지 않는지 정확히 '무슨 소리'라고 설명할 수 없는 것도 있어요.
>
> 밤의 숲 속에 가게 되면 서거나 웅크리기도 하고, 잎사귀도 앞과 뒤를 뒤집어 보세요. 그만큼 아름다운 세계를 발견할 수 있으니까요."

일종의 빅데이터라 할 수 있는 풍요로운 자연과의 직접적인 만남에서 체험한 '자라 씨'의 생각이다. 자연환경과 사회환경이 인간에게 있어 큰 스승이 아닐 수 없음을 일러주는 소박한 글이다.

자연과 현장의 경험은 혁신을 만든다

진화론의 입장에서 인간의 의식을 탐구하고, 이를 바탕으로 로봇도 인간처럼 의식을 가질 것이라고 주장한 철학자 대니얼 데닛Daniel C. Dennett, 1942~은 인류 역사상 최고의 아이디어를 낸 사람은 누구인지 딱 한 사람만 골라달라는 질문에 주저 없이 찰스 다윈이라고 했다. 그는 다윈을 뉴턴이나 아인슈타인보다 더 위대한 사상가라고 치켜세운다. 데닛은 그 이유를 다윈이 "자연선택이라는 과정을 도입해 의미와 목적이 없는 물질 영역과 의미, 목적, 그리고 설계가 있는 생명 영역을 통합시켰기 때문"이라고 말한다.

데닛이 말하는 다윈은 어떤 성향을 가졌기에 최고의 아이디어를 창출한 사람이라는 평을 받았을까? 데닛은 "찰스 다윈은 '인간을 가장 강력히 바꾸는 제일 간단한 도구가 경험이며, 경험은 학습의 가장 단순하고 실천적인 과정'이라는 확신을 가졌기 때문이다."라고 했다. 즉 경험은 다윈에게 혁신을 안내하는 기록이었다.

한편 정신과 전문의 반데어 콜크를 비롯해 많은 의사는 "고통스러운 경험은 몸에 기록되어, 우리가 늘 가지고 다니게 한다."라고 했으며, 프랑스 공교육 대안운동가인 프레네는 "각성된 머리보다 능숙한 손이 필요할 때가 많다."라는 말을 남겼다. 실천doing으로 인해 알게 되는 학습learning은 모든 혁신적 교육자나 정책가의 기본 모토였다. 그래서 경험을 하기 위해 현장에 나가는 것이다. 공간을 바꾸면, 우리의 뇌는 다르게 반응하기 시작한다. 뇌세포의 배열부터 여러 지각이 바뀐 채로 활동하게 된다.

사무실 안에서는 세상을 내다볼 수 없고 경험할 수도 없다. 산삼이 심마니에게는 보이고 일반 등산객에게는 보이지 않는 것처럼, 더 훈련된 사람들은 자주 현장에 가야 변화를 마련할 수 있다. 이탈리아의 정신보건 개혁가 바자리아는 "갇혀 보지 않은 사람들은 모른다. 신체의 자유를 빼앗겨본 사람들만 아는 공간에 대한 자유와 갈망이 있다."라고 했다.

이상의 제언들은 실천적인 경험이 보이지 않는 또 다른 것들을 발견하고 혁신을 만들어가는 빅데이터 구축에 크게 기여하고 있다는 사실을 일러주고 있다.

교육이론은 현장체험학습에서 얻어진 생각들의 융합

철학자 듀이는 현장체험학습을 중시한 시카고의 실험실 학교에서의 성과를 바탕으로 교육이론을 완성시켰다. 즉 교육이론은 현장체험학습에서 실험을 통해 얻어진 메타이론이다. 현장학습에서 경험으로 얻어진 생각과 또 다른 경험으로 얻어진 생각이 뭉쳐 융합된 생각이 교육이론으로 탄생한 셈이다. 듀이는 이 교육이론을 경험의 재구성이라고 일컬었다.

인간은 당면한 환경에 대처하고 이에 대한 결과를 얻게 된다. 이처럼 유기체와 환경의 상호작용을 통해 새로운 경험으로서의 성장 O^1이 이루어지고, 이 새로운 성장은 다시 유기체가 되어 새로운 환경과 상호작용을 일으켜 다시 유기체 O^2를 만들어낸다. 이처럼 $O \rightarrow O^1 \rightarrow O^2 \rightarrow O^3$로 경험이 축적되어 성장해 간다. 이를 경험의 재구성이라 하는데, 현장체험학습의 재구성이라고 해도 다를 바 없다. 현장체험학습은 개체가 자연 및 사회환경과 상호 교호를 통한 집단 역동을 경험한 뒤 참된 자아를 발견하고 자아의 성장을 돕는 수단이다. 그래서 인간 교육의 가장 효과적인 교실이 아닐 수 없다.

듀이는 현장에서 이루어지는 경험을 생각이라고 주장한다. 그에 의하면, 우리가 어떤 것을 경험으로 알았다고 할 때는 단순히 그것에 접촉했다는 뜻만이 아니라 그것에 관하여 '생각'해 보았다는 뜻과 일치한다고 한다. 듀이가 말하는 경험은 이 생각하는 과정을 매우 강조하고 있다. 일상생활에서 쓰는 상식적인 의미와 구별하자면, 듀이의 경험은 생각이 개입된 경험과 체험을 뜻한다.

그렇기에 울타리 밖의 자연과 사회현상은 빅데이터가 저장된 마당이며, 이 마당에서 경험을 이어갈 때 의미 있는 지식을 창출하는 생각의 창고이다.

이 같은 경험의 가치에 비추어 보면, 경험의 재구성이라는 의미에서 어린이들은 자연적, 사회적 환경에 능동적으로 참여하는 동안 경험을 하게 되고, 그 과정에서 받아들인 사고의 결과로 그 사회의 지적, 도덕적 습관을 획득하게 된다. 그리고 이 과정은 계속적인 성장의 과정이다.

총체적 교육으로서 현장체험학습

'총체적 교육'관의 입장에서 경험의 재구성을 강조해 온 필자는 교육대학에서 전공필수 교과목인 사회과교육을 강의하면서 현장체험학습 모형을 가르쳐 왔다. 이 강의에서 학생들이 터득한 학습역량을 실제 현장에서 체험하도록 하여 자연과 사회환경이 인간의 사회화와 삶에 어떤 영향을 미치는지 몸소 체화한 활동을 소개한다.

[현장체험학습]

주제 : 방울샘의 유래와 역할

1 현장체험 동기

방울샘에서 물방울이 솟아오르고 이곳에 관광객의 발걸음이 끊이질 않는 이유와 방울샘이 지역 주민의 생활에 미치는 영향을 알아보는데 있다.

2 **일 시** : 2005년 5월 27일 ~ 6월 7일(12일)

3 **현장체험 장소** : 전라남도 장성군 장성읍 영천리 1415-3

4 **보고자** : 박민영(광주교육대학교 수학교육학과 3학년)

5 **문제**

① 방울샘은 어떻게 해서 만들어졌는가?

② 방울샘은 지역 주민에게 어떤 역할을 해주고 있으며, 그 문화적 가치는 무엇인가?

6 **현장체험 방법**

7 **현장체험 내용**(조사내용)

방울샘은 장성읍 소재지에서 동북쪽으로 국도 1호를 따라 1.5㎞ 거리에 이르면 "호남명승영천입구"라는 표석이 있는데, 이곳에서 동쪽 골짜기를 따라 500m쯤 가면 호남정맥의 줄기인 봉황산(또는 황새산, 해발 175m)과 제봉산을 사이에 두고 아늑하게 자리 잡고 있는 오동촌 입구에 있다. 봉황은 오동나무에 깃든다고 하여 땅이름이 유래했다고 전해진다. 오동촌에 있는 방울샘은 둘레 15m, 높이 2m, 수심 1m의 타원형 샘으로 주변에 몇 그루의 노거수가 있다. 이 샘은 물이 방울처럼 솟아 오른다 하여 '방울샘' 또는 '방울시암'이라 부르고 있는데, 이 영천이 행정적 지명이 되어 장성읍 영천리에 속해 있다.

방울샘이 있는 오동촌은 400여 년 전에 여양 진씨가 마을 위쪽 가는골에 마을을 이루었다고 전해 내려오고 있으며, 그 후 김해 김씨와 금성 나씨가 입향하여 250여 호에 이르는 큰 마을이 되었다.

현재는 120여 가구가 거주한다.

영천리는 조선시대에는 장성부 읍동면의 지역으로 방울시암이 있어 영천리라 했는데, 1914년 일제 강점기에 행정구역 통폐합에 따라 하오리, 구산리, 청운리, 월평리 일부와 남삼면의 장기리 일부, 읍서면의 신오리, 외기리, 월봉리의 일부 지역을 병합해서 영천리로 합치면서 장성면에 편입하였다. 1943년 10월 1일 장성면에서 장성읍으로 승격되고, 동년 10월 3일 사무소를 성산에서 현 위치로 이전하였다.

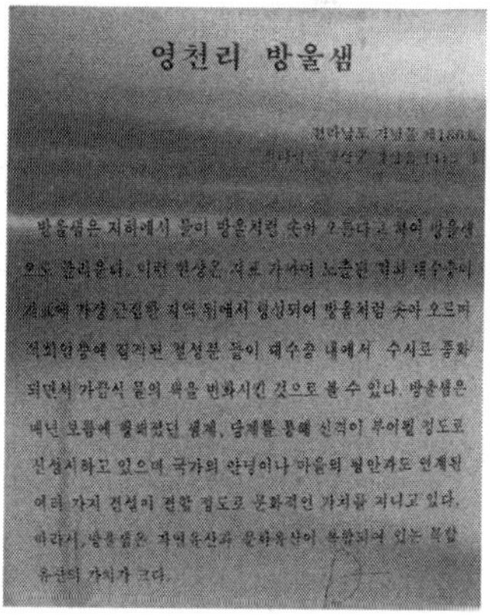

장성 영천리 방울샘은 지하에서 물이 방울처럼 솟아 오른다 하여 방울샘으로 불렸다. 지질학적인 측면에서 보면, 방울샘은 지층 구조상 지질습곡대에 의해 지표 가까이 노출된 지하 대수층이 지표에 가장 근접한 지역위에서 형성되어 있다.

이 샘은 500여 년 전 용이 승천한 소沼였다고 전해오고 있으며, 그 후 마을 식수와 동네 앞들의 농업용수로 긴요하게 이용된 공동우물 역할을 했다. 그리고 예로부터 신비스러운 징후를 나타내며 많은 전설이 깃들어 있다. 호남의 영천靈泉으로서 국가의 길흉대사를 예견하여 나라에 큰일이 있을 때에는 그 물빛이 변한다고 한다. 길흉사에 따라 변하는 물빛은 병란이 있을 것 같으면 붉은색으로, 전염병이 들 것 같으면 흑색으로 변하고, 백색으로 변하면 풍년이 든다고 한다. 특히 동학농민혁명 때와 한국전쟁(6·25사변) 때는 황토물이 솟아 나왔고, 대풍년 같은 국가적으로 좋은 일이 있을 때는 뜨물 같은 흰 물이 나와 앞날을 예고하여주기도 하였다고 한다.

또한 방울샘에는 손가락 크기만 한 물고기들이 떼를 지어 사는데, 물방울이 방울방울 올라가는 것은 이 샘 아래 용왕이 숨 쉬고 있기 때문에 나타나는 현상이며, 물고기는 용왕의 사자들이라 하여 이 물고기는 절대로 잡지 않는다고 한다. 특히 가뭄에도 항상 일정한 양의 물이 흐르는 신비한 약수로 알려져 사시사철 찾아오는 관광객들의 발걸음이 끊이질 않고 있다.

물이 방울처럼 솟아오르는 현상은 물속의 성분이 화학적으로 변하면서 나타난 것이며, 석회암층에 집적된 철 성분이 대수층 내에서 수시로 풍화되면서 가끔씩 물의 색을 변화시킨 것이라 볼 수 있다. 이처럼 방울샘은 자연적으로는 쉽게 나타나지 않은 특이한 지질구조를 지녀 학술적으로도 중요하다.

그리고 오동촌은 이 샘이 마을의 상징으로 인식될 정도라, 샘 자체가 마을의 문화적인 측면은 물론 주민의 생활과도 밀접하게 연계되어 있다. 매년 보름에 행해졌던 샘제와 당제를 통해 신격을 부여할 정도로 신성시하고 있으며, 국가의 안녕이나 마을의 평안과도 연계된 여러 가지 전설이 전할 정도로 문화적인 가치를 지니고 있다.

뿐만 아니라 지리지나 읍지를 통해 기록이 확인되는 등, 과거부터 명소로서 알려져 왔다. 따라서 자연유산과 문화유산이 복합되어 있는 복합유산의 개념으로 이해될 수 있다.

8 알게 된 점

내가 살고 있는 이곳 장성에는 역사적으로나 문화적으로 가치 있는 곳이 많이 있다. 예를 들면 필암서원, 백양사, 홍길동 생가터. 봉암서원, 장성향교, 박수량 백비 등이다. 그중에서 방울샘을 선택한 것은, 조그마한 동네에 있는 우물이 전라남도의 기념물로 지정되고, 신비한 샘물로 알려져 있기 때문이다. 초등학교 때 소풍으로 가 보았지만, 그때는 방울샘에 대해 자세히 알지 못하였다. 이번 계기를 통해 방울샘이 우리에게 많은 것을 제공해 주고 있다는 것을 알게 되었다.

오동촌에는 연세가 많으신 할아버지 할머니께서 살고 계신다. 장성에서는 그곳을 장수촌이라고 한다. 이러한 것을 통해 방울샘은 신비의 약수인 것 같다. 직접 방울샘에서 물이 방울방울 솟아오르는 것을 보았는데 정말 신기했고, 방울샘 답사를 마치면서 방울샘 물을 마셨는데 정말 꿀맛이었다.

전설이지만 길흉대사를 예견한다는 점 역시 놀라웠다. 작은 샘이지만 많은 일을 하는 것 같다. 언제 또 물의 색이 변하게 될지 모르겠지만, 항상 좋은 일이 생겨 우물의 색이 하얗게 변했으면 좋겠다.

이번 현장학습을 통해 '영천'이라는 지명이 생기게 된 배경과 지역 주민들이 방울샘을 신성시하는 이유도 알 수 있었다. 구체적으로 방울샘의 여러 전설이나 방울샘의 역할, 지명의 유래에 대해 탐구하고, 과학적으로는 설명하기 힘든 향토문화에 친근감을 갖게 되었다. 또한 고장을 사랑하는 마음과 향토문화에 대한 탐구 의욕이 커져 더 큰 역사의식을 터득하는 계기가 되었다.

이 같은 현장체험학습이 학교현장에서 지도되어 학생들이 거주하는 고장에 널브러져 있는 향토 사료를 학습에 활용하게 된다면, 학생 자신이 살고 있는 환경에 대한 통찰을 깊게 할 것으로 보인다. 또한 여기에서 새로운 의미를 발견해 사고력 신장과 연구력 배양에 기여할 것이다.

위에서 밝힌 현장체험학습을 경험한 학생은 평소 '방울샘'의 이름 정도만 기억하고 있었다. 그에게 '방울샘'은 무관심한 객체에 지나지 않았다. 그러나 의미를 부여하고 현지답사를 하니 궁금증이 많이 해소되었다. 알고 싶은 것이 현장 곳곳에 숨겨져 있었고, 보이지 않았던 것들이 현장체험학습을 통해 눈에 보였다.

이처럼 값진 결과를 얻기 위해 궁금한 것은 지역주민께 여쭈거나 방울샘이 위치한 전라남도 장성군청 문화관광과에 근무하는 전문인에게 질문해 자료를 수집하고, 인터넷에서 수집한 자료를 분석한 후 보고서로 작성하는 등 많은 노력을 들였다. 이 자료에는 다양한 생각이 기록되어 있어 훌륭한 교육 자료로서의 가치가 있다.

조그마한 방울샘은 마을 어귀에 있는 공동으로 사용하는 샘에 지나지 않았으나, 방울샘에 의미를 부여하고 연구력을 투입하여 일구어낸 생각은 경험의 재구성자료로서 빅데이터 역할을 한 셈이다.

생각마당
: 생각 소통

생각을 소통하는 교육마당을 만들어가야 미래를 앞당긴다
루소는 에밀과 함께 잃어버린 길을 소통으로 찾았다
생각의 어른 법정스님의 생각과 소통하다
듀이와 부르너, 교육에 대해 소통하다
시대의 스승 신영복 선생님의 묵언과 소통하다
에디슨과 뉴턴, 호기심과 소통하다
고봉과 퇴계, 서로 다른 생각을 소통하다
다산은 생각을 다산한다
스티브 잡스의 다르게 생각하는 생각과 소통하다
스티븐 호킹은 마지막까지 묻고 답하기를 멈추지 않는다
피아제의 인지발달 이론은 배고픈 갓난아이와 소통하는 것이다

소통은 세상을 바꾼다. 세상을 바꾸기 위해 가해지는 힘은 부드러울수록 강하다. 이 힘을 넛지Nudge 효과라 할 것이다. 넛지 효과는 반드시 상대가 있어야 나타난다. 그래서 생각을 만들어가는 것은 상대와의 부드러운 소통에 달려 있다. 생각의 소통은 머리에 담아놓은 것만으로 머물지 않고, 그것을 실제의 삶 속에서 체화해야 한다. 생각 소통의 매개는 책과의 만남에서도 가능하다. 이는 비형식적으로 이뤄지는 잠재적인 교육 방법이기 때문이다.

창의력을 꽃피운 발명가·발견자는 필요에 의해서 태어난다. 그래서 '필요는 발명의 어머니'라고 했다. 필요는 인간의 이상적인 기대와 현실 사이의 괴리에서 야기되는 문제의식의 소산이다. 문제의식이 있기에, 이를 해소하기 위하여 새롭게 창출된 산물 중 자연과학 산물인 하드웨어는 편리한 세상을 만들어가고, 인문·사회과학의 산물인 소프트웨어는 이상적인 세상을 만들어가고 있다. 그래서 창의적인 사고는 필요로서 나타나는 문제의식에서 나오고, 문제해결을 위한 변혁적인 메타사고는 제4차 산업혁명을 이끄는 사고력이다.

생각을 소통하는 교육마당을 만들어가야 미래를 앞당긴다

교육에서 미래를 대비하기 위한 자산

21세기에 접어들어, 문명사의 대전환기라고 부르는 제4차 산업혁명 시대를 맞이하고 있다. 그리고 교육이 당면한 과제는 결코 단순하지 않다. 시대적 전환기에서 심각한 경제위기마저 겪고 있는 우리나라의 교육은 대학의 입시를 비롯해 근본적인 문제점을 해결하지 않으면 안 된다. 그래서 교육개혁을 생각하게 되는데, 교육개혁의 중심에는 인적자원 개발이 있다. 지하자원이 부족한 우리나라가 가지고 있는 자원은 오직 사람밖에 없다. 그렇기에 인적자원을 길러내는 교육만이 이 시대를 극복하고 미래에도 살아남을 수 있는 생존전략이 될 것이다. 이 생존전략은 직설적으로 이야기했을 때 사물인터넷(IoT), 빅데이터, 블록체인, 인공지능(AI) 등 디지털 신기술을 활용한 신산업을 이끌어갈 인재를 길러내는 일이다.

한편 신기술을 활용한 신산업을 이끌어갈 인재 못지않게 한국의 사회와 문화를 이해하고 비판적 사고 및 판단능력을 통해 사회 공동체 문제를 해결할 수 있는 능력을 지닌 인재도 필요하다. 사회 문제를 해결하기 위해 적극적으로 참여하는 인문·사회과학에 탁월한 인재 역시 구호만으로는 길러낼 수 없다.

결국 창의적인 인재를 길러내는 일은 미래를 대비하기 위한 것이며, 이 책무는 생각을 만들어가는 교육에 있다.

창의적인 인재를 길러내는 교육내용

교육의 생명력은 생각하는 힘을 길러주는 데 있고, 생각을 만들어가는 힘이 국력이라고 제1장에서 밝혔다. 교육내용은 학생들에게 가르쳐야 할 교육과정이다. 우리나라는 2015 개정 교육과정 구성의 중점을 '바른 인성을 갖춘 창의융합형 인재의 양성'에 두고 있다. 이는 바른 인성을 가지고, 인문학적 상상력과 과학기술적 상상력으로 새로운 지식을 창조하고, 다양한 지식을 융합하여 새로운 가치를 창출할 수 있는 사람을 키우겠다는 것을 의미한다. 창의성은 창의융합형 인재의 중심가치가 되며, 창의적인 사람은 새로운 의미와 새로운 가치를 생성할 수 있어야 한다. 이는 융합적 사고를 필요로 하며, 융합은 다양한 지식과 아이디어를 연결하는 능력으로 통합과 유사한 의미를 갖는다.

따라서 창의적인 인재를 길러내는 교육내용은 바른 인성을 갖춘 창의융합형 인재를 만들어가는 교육내용이어야 한다.

그래서 인간의 사상 및 자기 표현을 대상으로 접근한 인문·사회과학적 지성들과 자연현상에 대한 경험적 접근을 다루는 과학자들의 삶과 정신세계를 인문학적인 입장에서 살피고 이를 담아놓은 본서는, 우리나라의 교육과정에서 추구하는 인재를 양성하는데 기여할 수 있는 인문서일 것이다.

미지의 해답을 찾아가는 교육관

산업화시대에서는 교과서 위주의 지식전수가 교육내용의 대부분이었다. 지식전수의 교육내용은 '알려진 지식known facts'을 기억하고 암기하는 훈련으로, 산업화시대에서는 큰 공헌을 하였다. 그러나 지식정보화가 기반이 된 제4차 산업혁명 시대의 교육은 '모르는 사실unknown facts' 또는 정답이 없거나 검증되지 않는 정보를 분석, 예측하여 한 가지 정답보다 여러 개의 가능성과 불확실한 미래를 찾는데 초점을 두고 있다. 제4차 산업혁명시대의 교육은 미지의 것에 대한 해답을 찾아내는 교육이라고 할 수 있다. 교사와 학생이 한 팀이 되어 미지의 것에 대해 호기심을 갖고, 함께 탐구하고 도전하면서 문제를 해결해야 한다. 이처럼 미지의 해답을 찾아가는 교육관으로서, 제2, 제3장에서는 전부는 아니지만 생각을 만들어가는 아이디어와 방법을 만나 보았다.

간과하지 말아야 할 것은, 학생 개개인의 독창성과 창의성을 존중하고 한계를 벗어나 불가능을 가능하게 하는 생각을 만들어가는 교육적 노력이 필수라는 것이다. 구체적으로는 '자기주도적인 학습 능력'을 신장시켜주어야 한다. 이 능력은 교육 본연의 목적 실현에 기여한다. 그리고 이 능력은 개인적 차원에서 독창적인 자기 발견은 물론 자기향상의 기쁨이나 자기성장의 만족을 경험하고자 하는 활동이다. 즐거운 삶, 행복한 삶은 스스로 하는 활동을 통해서 궁극적으로 달성할 수 있기 때문이다.

기왕이면 한 사람보다 여러 사람이 협력하여 집단지성의 힘을 발휘할 때 더욱 새롭고 기발한 생각을 도출해 낼 수 있다. 즉 협력하는 법을 배우는 것이 지식정보화시대 교육에서 가장 중요한 과제 중 하나라고 할 수 있다. 협력할 때 검증되지 않은 정보가 확실히 검증될 수 있고, 그 지식은 문제해결을 위한 창의적인 아이디어가 될 수 있다. 해답이 없는 어떤 명제를 두고 자유롭게 대화하고, 토론하고, 발표하며, 새로운 발견과 발명을 위한 모험에 도전하도록 생각을 만들어가는 교육이 장려되어야 한다.

누차 강조했지만, 혁신과 창의의 출발점은 새로운 아이디어와 호기심이다. 사고의 혁신을 위해서는 호기심을 사랑하는 교육환경을 존중해주고, 교실에서는 많은 아이디어가 자유롭게 표현되고 논의될 수 있도록 해야 한다. 이를 위해서는 대화, 토론, 논쟁, 생각의 공유 등을 할 수 있는 소통의 창구가 필수적이다. 상대방의 생각을 존중하는 자세가 없다면 소모적인 감정적 갈등만 조장될 뿐, 생산적인 인지적 갈등으로 이어가지 못한다. 교실 내에 상호존중 문화를 실현하고, 객관적 사실에 기초한 균형 잡힌 논쟁이 이뤄지는 자리를 마련해야 하며, 이 논쟁이 혁신으로 이어질 수 있는 분위기가 형성되도록 노력해야 할 것이다.

생각소통 교육마당은 미래를 앞당긴다

미래를 대비하기 위한 자산으로 창의적인 인재를 양성하는 일은 새로운 지식을 산출하고 그 지식을 응용하여 부가가치를 높여 국가 발전과 국가경쟁력을 높이는데 크게 기여한다. 결국 세상을 혁신하는 힘이라 할 수 있다. 이 힘은 생각을 만들어가는 교육을 통해 얻을 수 있다. 이때 빠트릴 수 없는 것은, 남다른 생각을 일군 선각자들의 삶과 사유에 대해 소통하여 지식과 정보와 지혜를 얻어 자기의 것으로 승화하는 노-웨어Know-where과정이 필요하다는 것이다. 선각자들과의 소통은 그들이 경험한 감정을 이해하고 공감하는 능력을 길러주며, 우리도 그렇게 할 수 있는 감정이입을 통해 소양이 쌓인다. 이러한 공감 과정은 인문 및 사회과학자들이나 자연과학자들이 어떤 현상에 접근하는 것을 용이하게 한다. 인문학적 소양이 충족되어야 더 넓은 세계에 도전하는 에너지가 나온다.

그럼으로써 세상에 널브러져 있는 사상과 자연현상에 대한 고정관념을 깨트려 전과 다르게 바라볼 수 있고, 새로운 것을 창출하는 사고의 전환으로 생각 혁명을 가져오게 되어 상상으로만 그리고 있던 미래를 앞당긴다.

루소는 에밀과 함께 잃어버린 길을 소통으로 찾았다

생각은 생각을 낳다

존 스튜어트 밀은 "세상에 태어나서 한 번도 좋은 생각을 갖지 않았던 사람은 없다. 다만 그것이 계속되지 않을 뿐이다."라고 말하고 있다. 그런데 좋은 생각은 변화를 낳은 생각이어야 한다. 변화가 없는 생각은 과거로 돌아가는 생각과 다를 바 없다. 생각은 질문으로부터 출발한다. 생각하면 질문이 생기고, 질문에 답하려면 생각하게 되고, 답은 나를 변화시키기에 이른다. 결국 생각이 또 다른 생각을 낳아 변화를 거듭하게 되는 셈이다. 이 과정은 계속되어야 한다.

루소의 에밀은?

18세기 프랑스가 낳은 사상가이자 교육론자인 장 자크 루소J.J. rousseau,1726~1778가 《에밀》을 펴내자, 프랑스의 어머니들은 이 책을 육아의 바이블로 삼았다. 상류 계층의 부인들은 유모에게 수유를 시키는 것이 아니라 자신들이 직접 아이에게 젖을 먹이기 시작했다. 영향력이 있는 저자가 행한 일치고는 너무나 큰 모순이 아닐 수 없으나, 교육적으로 육아방법론에서 생각의 변혁을 가져왔다.

이 같은 생각의 변혁을 가져오게 한 루소가 주인공 에밀이 스스로의 호기심을 통해 문제를 해결하기 위한 생각이 또 다른 생각을 낳은 학습사례이다.

《에밀》은 1762년에 출간한 저서로, 총 5편으로 구성되어 있다. 주인공 에밀이라는 아이의 탄생에서부터 25세가 될 때까지 받은 교육과정을 통해 인간이 타고난 천부적 자질을 보존하면서, 각 시기에 신체와 지성, 마음의 조화로운 발달을 꾀하고 사회생활에 대비하며 행복한 인생을 추구하는 과정을 보여준다.

루소의 교육론 《에밀》의 전편全篇 가운데에서도 루소와 에밀이 소통한 부분은 특히 중요한 부분으로, 필히 해결해야 할 호기심으로 가득 찬 사례이다.

루소와 에밀과의 소통

루소와 에밀의 소통은 생각을 발산해 가는 우수한 사례로 여기고 있다고 필자가 이전에 발간한 《개성교육》에서도 밝힌 적이 있다. 이 이야기는 그들이 몽모랑 시의 북쪽에 있는 숲의 위치를 관측하고 있을 때 에밀이 루소에게 "그것은 무엇에 필요해서 알려고 하는 것입니까?"라고 질문하는 장면으로부터 시작된다. 루소는 이에 대하여 "좋은 질문을 해주었다. 그런데, 이것은 좀 더 차분히 생각해 봐야 할 문제인 것 같구나. 혹 이것이 아무런 필요도 없는 것이라면 다시는 거론하지 않기로 하자. 우리가 알아야 할 필요가 있는 것이 이것만 있는 것이 아니니까."라고 말하여 이 문제에 대해서는 이 정도로 덮어 놓는다. 그러나 다음 날 아침에는 다시 에밀을 데리고, 그 숲속으로 등산을 가게 되는데, 두 사람은 그 와중에 길을 잃게 된다. 시장기는 더욱 심해지고, 헤매면 헤맬수록 길은 더욱 미궁으로 빠져들게 되어 할 수 없이 그 자리에 주저앉아 여러 가지를 궁리하면서 대화가 시작된다.

장 자크 1: 자, 에밀 군. 여기서 빠져나가려면 어찌해야 한다는 말이냐?

에밀 1: (땀에 흠뻑 젖어 있고 눈물을 글썽거리면서) 나로서는 어떻게 해야 하는지 도저히 알 길이 없습니다. 아이고 몸은 피곤하고, 목은 마르며, 배가 고파 죽겠습니다.

장 자크 2: 나는 더 죽겠구나. 하지만 운다고 해서 밥이 나오는 것도 아닐 테니 울어서는 안 된다고 생각한다. 또한 지금은 울고만 있을 때가 아니라고 생각한다. 지금 우리가 있는 장소가 어디에 위치하고 있는가를 알아내는 일이 보다 시급한 일이지 않겠니? 시계를 좀 들여다보려무나. 지금 몇 시쯤 되었지?

에밀 2: 예, 정오입니다. 이거 아침도 못 먹었는데….

장 자크 3: 벌써 그렇게 되었니? 하지만 아침을 못 먹는 것도 나도 마찬가지 아니냐?

에밀 3: 예, 선생님께서도 퍽 배가 고프실 것입니다.

장 자크 4: 안 되겠구나! 점심밥이 우리를 찾아올 수는 없는 것이 아니겠니? 벌써 정오가 되었구나! 그런데 어제는 바로 이 시각에 우리는 몽모랑 시에서 이 숲의 위치를 관측하고 있었지 않으냐? 응! 혹시 그와 똑같이 이 숲에서 몽모랑 시의 위치를 관측할 수가 있다면….

에밀 4: 그렇습니다. 하지만 어제는 우리에게 숲이 보였지만, 여기에서 몽모랑 시는 보이지 않지 않습니까?

장 자크 5: 그것이 바로 곤란한 점이라 할 수 있겠구나. 혹시 몽모랑 시가 보이질 않더라도 몽모랑 시의 위치만 알 수만 있다면….

에밀 5: 참으로 그렇습니다. 그것만 알 수 있으면 되겠는데….

장 자크 6: 내가 어제 이런 이야기를 하지 않았든가 몰라? 숲은…,

에밀 6: 예! 몽모랑 시의 북쪽이라고 말씀하신 것 같습니다.

장 자크 7: 그렇다면 몽모랑 시는 당연히….

에밀 7: 숲의 남쪽입니다.

장 자크 8: 정오에 북쪽을 알 수 있는 방법이 있었으면 좋겠는데….

에밀 8: 있습니다. 그림자의 방향으로 알 수 있습니다.

장 자크 9: 그렇다면 남쪽은?

에밀 9: 어떻게 하면 알 수 있을까요?

장 자크 10: 남쪽은 북쪽의 반대이지 않은가!

에밀 10: 참, 그렇습니다. 그림자의 반대 방향을 보면 되겠군요. 아! 이쪽이 남쪽입니다. 몽모랑 시는 분명히 이쪽 방향입니다.

장 자크 11: 그럴 것 같구나. 그렇다면 바로 이 샛길을 따라가면 되지 않겠니?

에밀 11: (손뼉을 치고, 탄성을 지르며) 아! 몽모랑 시가 보입니다. 저쪽에! 우리들의 바로 정면에 분명히 보입니다. 아침을 먹으러 갑시다. 점심도 먹으러 갑시다. 서둘러 달려갑시다. 천문학도 때로는 유익할 때가 있음을 알았습니다.

루소의 수업 기술은 생각이다

이상이 루소가 교묘하게 설정한 하나의 대표적인 학습 장면이다. 계획적으로 에밀을 숲 속으로 데리고 가 그와 함께 길을 잃은 것처럼 하고 그 자신도 매우 곤란한 처지에 처한 것처럼 꾸민 뒤, 에밀과 고통을 함께 하면서 함께 궁리한 끝에 문제를 해결하는 것을 잘 나타내 주고 있다. 이 학습사례에서 중요한 것은 첫째로 학습이란 필요에 의해 동기가 유발되어야 한다는 것이고, 둘째로 그것은 아동의 입장에서 이해할 수 있는 있는 수준의 것이어야 하며, 셋째로 그 이해는 아동 스스로의 행동을 통해서 이루어져야 한다는 것이다.

이들의 문답과정을 분석해 보면, 교묘하게 설정된 학습 장면임을 알 수 있다. 우선 학습의 도입 단계에서의 루소의 발문(장 자크 1)이라든가, 이 학습을 클라이맥스로 이끌기 위한 루소의 발문(장 자크 4, 5, 8) 등은 오늘날의 수업현장에서도 그대로 활용할 수 있는 매우 시의적절한 발문이라 할 수 있다. 루소의 《에밀》은 이처럼 교묘하게 설정된 학습 장면에서 적절한 발문의 활용을 통해 극적인 수업을 전개해 나가고 있음을 잘 표현해 주고 있다.

따라서 루소의 수업기술을 분석해 보면, 오늘날에도 적용해야 하는 훌륭한 수업 기술이다. 교수자는 이러한 기술을 루소로부터 배워야 한다.

첫째, 사물을 매개로 하지 않는 지식은 존재할 수 없다. 학습은 언제나 감각적인 대상을 거쳐야 지적인 대상에 도달한다는 것이다.

둘째, 학문은 외우도록 하는 것이 아니고 창조해 나가도록 하자고 주장하고 있다. 그리고 학습은 아동이 스스로 해야 하며, 누군가가 가르쳐 주려고 하는 것은 잘못된 것임을 강조하고 있다.

셋째, 학습이란 은밀하고 계획적·인위적으로 설정한 학습 장면과 거기서 일어나는 의문, 즉 호기심과 필요에 의해 학습자로부터 질문이 나와야 하며, 이것이 교사의 발문보다 빈번하게 이루어지도록 해야 한다.

넷째, 학습과제를 해결해야 한다는 의식을 갖게 하거나 학습자들에게 해답을 얻어야 한다는 동기를 줄 수 있는 과제발문적인 성격을 지녀야 하며, 그것은 학습자들의 능력에 맞추어 간단명료하게 이루어져야 한다.

다섯째, 발문에 대해 충분한 납득이 이루어지지 않는 경우, 그것을 보다 이해하기 쉬운 수준으로 바꾸어 발문하도록 한다.

생각-질문- 해답의 과정은 수레바퀴가 돌아가는 것과 같다

이상의 수업사례에서 생각하고 질문하고 변화해 가는 과정은 수레바퀴가 돌아가는 것과 같음을 알 수 있다. 수레바퀴는 같은 원을 그리며 앞으로 나아간다. 생각하고 질문하고 변화하는 과정은 수레바퀴가 돌아가는 것처럼 원을 그리며 다시 돌아오지만, 우리 자신은 앞으로 나아가게 되는 것이다.

예컨대 생각은 질문으로부터 시작하고, 질문을 해야 답이 나온다. 답은 곧 생각이다.

생각의 어른 법정스님의 생각과 소통하다

생각의 어른은 어떻게 나올까

사자성어 '절차탁마切磋琢磨'는 옥과 돌을 쪼고 갈아내는 것을 나타낸 말이다. 의역하면 사람이 덕을 쌓고 학문을 이루는 것도 그와 같이 전력을 다하여 힘써 닦고 다듬어야 한다는 의미인데, '절차탁마'의 유래는 다음과 같다.

> 언변과 재기가 뛰어난 제자 자공(子貢)이 어느 날 스승인 공자(孔子)에게 묻기를 "선생님, 가난하더라도 남에게 아첨하지 않으며, 부자가 되더라도 교만하지 않은 사람이 있다면 그건 어떤 사람일까요?"
>
> 그러자 공자가 답했다.
>
> "좋긴 하지만, 가난하면서도 도를 즐기고 부자가 되더라도 예를 좋아하는 사람만은 못하니라."

공자의 대답에 이어 자공은 또 묻기를 "《시경詩經》에 선명하게 '아름다운 군자는 뼈나 상아를 잘라서 줄로 간 것처럼 또한 옥이나 돌을 쪼아서 모래로 닦은 것처럼 빛나는 것 같다.'고 나와 있는데, 이는 선생님이 말씀하신 '수양에 수양을 쌓아야 한다.'는 것을 말한 것일까요?"

공자는 이렇게 대답했다.

"자공아, 이제 너와 함께 《시경》을 말할 수 있게 되었구나. 과거의 것을 알려주면 미래의 것을 안다고 했듯이, 너야말로 하나를 듣고 둘을 알 수 있는 인물이로다."

개인의 학문과 덕행은 그저 이루어지는 것이 아니고 절차탁마와 같은 수행이 갖추어져야 한다.

그럼, 이 시대를 살았었거나 살아계신 분 중 절차탁마 하며 깊은 학문과 높은 덕행을 지니게 된 생각의 어른은 누구일까?

질문을 던져 본다.

그 대답은 타 학교 학생과 교수들까지 청강하러 오는 명강의로 잘 알려진 《라틴어 수업》의 저자 한동일서강대학교 법학연구소 책임연구원을 통해 들을 수 있을 것 같다. 한동일의 '라틴어 수업 2020'이라는 경향신문의 연재 글에 작고하신 김수환 추기경, 성철 스님, 법정 스님이 보인다. 현재 '생각을 만들어가는 생각교육'을 집필하고 있는 필자는 세 어른의 반열에다 작고하신 시대의 스승 신영복 선생님까지 올려도 잘못된 것은 아닐 거라 생각한다(신영복 선생의 묵언은 4장의 ⑤에서 만난다). 이외에도 대중적인 지식인으로는 문학 평론가 이어령, 철학자 김형석, 안병욱, 미술사가 유홍준, 신문방송학자 강준만 선생님 등도 큰 생각을 주신 분들이다.

한동일 작가는 "오늘날 우리 사회는 '생각의 어른'을 찾고 있다. 생각의 어른은 많이 공부하고 지식을 많이 소유한 사람이 아니다. 공부하여 소유한 것은 부족하더라도 진심으로 누군가의 곁에 있어 줄 수 있는 사람이라면 그가 바로 생각의 어른일 것이다. 생물학적으로 다 자랐거나 나이가 든 사람, 지위나 항렬이 높은 사람이 아니라 누군가의 곁에 있어 주고 사람들이 다가갈 수 있는 그 사람이 바로 생각의 어른일 것이다. 그런데 이 생각의 어른은 나이와 상관이 없다. 나이가 어리더라도 그가 사려 깊은 사람이라면 그가 곧 생각의 어른일 것이다."라고 했다.

법정스님의 생각

필자는 한동일 작가의 연재글에 언급된 세 어른 중 우리 시대의 참된 스승으로 불린 법정스님1932-2010의 길고 깊은 생각이 담긴 《무소유》 중 '본래무일물'에서 그의 큰 생각을 만날 수 있었다.

> 울타리가 없는 산골의 절에서는 가끔 도둑을 맞는다. 어느 날 외딴 암자에 '밤손님'이 내방했다. 밤잠이 없는 노스님이 화

장실에 다녀오다가 뒤꼍에서 인기척을 들었다. 웬 사람이 지게에 짐을 지워 놓고 일어나려다 말고 일어나려다 말고 하면서 끙끙거리고 있었다. 뒤주에서 쌀을 한 가마니를 잔뜩 퍼내긴 했지만, 힘이 부쳐 일어나지 못하고 있었던 것이다.

노스님은 지게 뒤로 돌아가 도둑이 일어나려고 할 때 지그시 밀어주었다. 겨우 일어난 도둑이 힐끗 돌아보았다.

"아무 소리 말고 지고 내려가게."

노스님은 밤손님에게 나직이 타일렀다. 이튿날 아침, 스님들은 간밤에 도둑이 들었다고 야단이었다. 그러나 노스님은 아무 말이 없었다. 그에게는 잃어버린 것이 없었기 때문이다. 본래무일물本來無一物, '본래부터 하나의 물건도 지닌 적이 없다'는 이 말은 참선한 집에서 차원을 달리해 쓰이지만, 물건에 대한 소유의 관념을 표현한 말이기도 하다. 그 후, 그 밤손님은 암자의 독실한 신자가 되었다는 후문이다.

법정 스님이 던지신 생각은 눈으로 훤히 볼 수 있으나, 생각이 깊고 넓어 울림이 크게 와 닿는다. 스님의 생각마냥 사람은 태어날 때부터 물건과 인연을 맺는다. 그러나 물건 때문에 자기를 잃어버린다. 소유욕에서 벗어나 처음을 가졌던 숭고한 마음으로 되돌리는 삶은 정신적으로 건강한 삶이다. 본질적으로 내 소유란 있을 수 없다. 내가 태어날 때부터 가지고 온 물건이 아닌 바에야 내 것이란 없다. 더 극단적으로 말한다면, 나의 실체도 없는데 그 밖의 내 소유가 어디 있겠는가. 그저 한동안 내가 맡고 있을 뿐이다.

어찌 생각하면 '본래무일물'에 얽힌 이야기는 가벼운 소담 같지만, 몸소 삶의 깊은 곳에서 수행으로 여문 절차탁마 한 가르침이다.

법정 스님의 절차탁마한 가르침은 이것뿐이겠는가. 《무소유》 중 '녹은 그 쇠를 먹는다'에서 대인 관계의 인연에 감사해야 함을 타이르셨는데, 이렇게 강론하셨다.

> 사람들은 일터에서 많은 사람들을 대하게 된다. 한정된 직장에서 대인관계처럼 중요한 몫은 없을 것이다. 모르긴 해도 정든 직장을 그만두게 될 경우, 그 원인 중에 얼마쯤은 바로 대인관계에 있지 않을까 싶다. 어째서 똑같은 사람인데 어느 놈은 곱고 어느 놈은 미울까. 종교적인 측면에서 보면 전생에 얽힌 사연들이 조명되어야 하겠지만, 상식의 세계에서 보더라도 무언가 그럴만한 꼬투리가 있을 것이다. 원인 없는 결과란 없는 법이다.
>
> 그렇다 하더라도 직장이 '외나무다리'가 되어서는 안 된다. 우선 같은 일터에서 만나게 된 인연에 감사를 느껴야 한다. 아니꼬운 일이 있더라도 내 마음을 내 스스로가 돌이킬 수밖에 없다. 남을 미워하면 저쪽이 미워지는 게 아니라 내 마음이 미워진다. 아니꼬운 생각이나 미운 생각을 지니고 살아간다면, 그 피해자는 누구도 아닌 바로 나 자신이다. 하루하루를 그렇

게 살아간다면 내 인생 자체가 얼룩지고 만다.

그렇기 때문에 대인 관계를 통해서 우리는 인생을 배우고 나 자신을 닦는다. 회심回心, 즉 마음을 돌이키는 일로써 내 인생의 의미를 심화시켜야 한다. 맺힌 것은 풀지 않으면 안 된다. 금생에 풀리지 않으면 그 언제까지 갈 수 없다, 그러니 직장은 그 좋은 기회일 뿐 아니라 친화력을 기르는 터전일 수 있다. 일의 위대성은 무엇보다도 사람들을 결합시키는 점일 것이다. 일을 통해서 우리는 맺어질 수 있다. 미워하는 것도 내 마음이고, 고와하는 것도 내 마음에 달린 것이다. 《화엄경》에 일체유심조一切唯心造 라고 한 것도 바로 이 뜻이다. 그 어떤 수도나 수양이라 할지라도 이 마음을 떠나서는 있을 수 없다. 그것이 마음의 모든 이의 근본이 되기 때문이다. 《법구경》에 이런 비유가 있다.

"녹은 쇠에서 생긴 것인데 점점 그 쇠를 먹는다" 이와 같이 그 마음씨가 그늘지면 그 사람 자신이 녹슬고 만다는 뜻이다.

우리가 온전한 사람이 되려면, 내 마음을 내가 쓸 줄 알아야 한다. 그것이 우연히 되는 것이 아니고 일상적인 대인 관계를 통해서만 가능하다. 왜 우리가 서로 증오해야 한단 말인가, 우리는 같은 배를 타고 같은 방향으로 항해하는 나그네들 아닌가.

법정 스님은 인간관계가 엉클어진 사회에서 온 세상을 두루 받아들이는 자세가 저변화될 때 화목한 세상이라고 강론하신다. 그는 강론 이전에 인간 배려의 기술마저도 몸소 깨우치고 체화하여 화목한 대인 관계를 만들어가고자 몸소 수행하셨다.

대인 관계가 아름다우려면 대인 관계 기술을 필요로 한다. 대인 관계 기술은 귀인의 도움을 받는 기술이며 귀인을 잘 만나서 도움을 받고, 귀인이 된 다음에 또 다른 사람에게 도움을 주게 되어 배려의 아름다움으로 이어진다. 배려의 가치를 바탕으로 하는 인륜은 인간의 가장 기본적인 덕목이다. 뭇 인간들을 향하여 배려라는 울타리로 두텁게 쌓기를 갈망하신 법정 스님은 현세의 대중보다 훨씬 앞서간 생각의 어른신이시다.

대인 관계가 뛰어난 사람은 대인 관계 능력이 우수함은 두말할 나위 없다. 대인 관계 능력은 다른 사람의 생각이나 감정을 잘 이해하며 조화롭게 관계를 유지하고, 갈등이 생겼을 때 이를 원만하게 해결할 수 있는 능력이라고 일컫고 있다.

하워드 가드너Howard Gardner의 다중지능 이론에서도 밝히는 8가지 지능 중 대인 관계 지능은 오늘을 살아가는 가장 중요한 지능이라고 했다. 이 지능은 법정 스님의 생각과 다를 바 없는 대인 관계 능력이다. 이웃과 동료와 생각을 공유하고 작업을 함께하며, 팀티칭으로 생각을 교류하여 학습력을 증대하고 사교로 친밀한 관계를 형성하여 인간 사회를 어우러지게 하는 포용적 관계십으로 승화하고 있다.

내 안에서 생각의 어른을 찾다

한동일 작가는 이렇게 말하고 있다.

> "생각의 어른이 생기기 위해서는 생각의 어른을 알아보고 존중할 줄 아는 사람도 필요하다. 그리고 생각의 어른을 타인에게서 찾으려고 하는 것이 아니라 내가 생각의 어른이 되고자 하는 노력이 필요할지도 모른다. 그것은 우리에게 성찰하는 개인, 성찰하는 사회를 요구하기 때문이다."

우리의 곁에 있어 줄 수 있는 생각의 어른은 이 세상에 가시적인 창조물을 안겨주는 사람도 아니고, 우리를 물질적인 부자로 잘살게 해주는 사람도 아니다. 절차탁마 같은 삶을 수행하여 얻은 지혜를 통해 우리의 삶과 함께해주는 사람일 것이다. 생각의 어른이 많을 때 더 많은 생각의 어른을 맞이할 수 있다. 그리고 그것이 가능할 때 인간이 가르치는 대로 생각하는 것이 아니라 그 이상을 생각하여 인공지능AI을 뛰어넘는 이성적인 인간을 제4차 산업혁명 시대에 맞이할 수 있을 것이다.

생각을 만들어가는 생각교육 ④

듀이와 부르너, 교육에 대해 소통하다

교육내용에 대해 듀이는 경험이라 하며 부르너는 지식의 구조라 한다

사회과학을 전공하는 학생과 학자는 물론 사범대학이나 교육대학에서 교육학이나 교과교육을 공부하면 듀이와 부르너의 교육적 사상을 접하지 않을 수 없다. 그만큼 그들의 교육사상이 교육 현장에 미치는 영향이 적지 않다는 것이다. 듀이의 진보주의 교육철학과 경험주의 교육이론, 그리고 "날로 팽창하는 지식을 모두 가르칠 것이 아니라 그중에서 '기본'이 되는 것, 또는 '핵심'이 되는 지식 구조의 본질인 탐구와 발견에 심층적으로 접근하거나 어떤 기본 개념을 난이도와 수준의 차이에 따라 구성하는 나선형 교육과정에 대한 학문적 배경을 접해야 한다."라는 부르너의 주장은 교육이론의 큰 맥으로 등장한다.

그렇기에 20세기 전·후반의 세계교육을 선도한 두 학자는 학습을 통하여 지식을 학습자가 볼 수 없는 상태에서 볼 수 있는 상태로 이끄는 방법인 탐구학습에 대해 논쟁했다. 이 논쟁의 일부분을 소개하기 전에, 두 학자의 교육사상을 이해하면 두 학자의 '탐구학습'에 관한 논쟁에 접근할 때 홍미를 더하리라 여겨진다.

우리는 '탐구학습'을 교육 방법 중 하나인 교육용어라고 간과하기 쉽다. 달리 말하면, 국어사전을 찾아서 개략적인 뜻을 살피는 수준이라는 것이다. 그러나 두 학자가 탐구학습에 대한 본질을 추구하고자 심층적으로 의견을 주고받는 내용을 통해, 그들이 탐구학습에 대해 깊은 성찰을 하고 있었다는 것을 짐작할 수 있다.

20세기 전반기를 '교육의 사회화를 강조한 듀이J. Dewey 시대', 20세기 후반기를 '교육의 지성화를 중요시하는 새로운 교육의 요청 시대'라고 볼 때, 듀이는 학교를 축소된 사회로 보고 있었기에 그의 이론에서 생활적응 교육으로서의 경험중심 교육과정을 확인해 볼 수 있다. 반면 브루너J.S. Bruner는 학교를 특수한 지적사회라고 보고 있었기에 그의 이론에서는 지식중심교육으로서의 학문중심 교육과정을 확인해 볼 수 있다. 이것이 '듀이가 가고 브루너가 왔다.'라는 새로운 용어가 탄생하게 된 배경이다.

듀이는 교육이란 경험의 끊임없는 개조이며, 미숙한 경험을 지적인 기술과 습관을 갖춘 경험으로 발전시키는 것이라 했다. 더불어 교육의 생활화와 사회화를 강조하고 학교를 축소된 사회로, 교육 내용을 경험으로 보았다.

반면에 브루너의 교육이론은 교육과정을 인간의 인지구조와 지식구조의 적합한 연결, 배합에 기초하도록 재구성하는 데 있으며, 학생의 지성화, 개성화를 강조했다. 또한 학교를 특수 지적사회로 보았고, 미래를 탐구하기 위한 기본은 지식의 구조라고 보았다. 한마디로 교육의 핵심을 지육교육이라고 강조하였다.

두 학자의 탐구학습 논쟁

어느 날, 이미 고인이 된 진보적인 실용주의 철학자 듀이 1859~1952와 교육 방법론자이면서 심리학자인 부르너1915~가 한국교육연구소에서 만났다. 여러 가지 이야기를 주고받는 가운데 탐구학습에 관한 논쟁의 일부분을 옮겨 본다.

듀이: 잘 만났소. 그렇지 않아도 한 번 만나려고 했는데 이렇게 한국에서 만나다니, 꿈같은 일이오. 만나기 전에는 한바탕 야단을 치려고 했지만, 만리타국에서 만나니 우선 반가운 마음이 앞서구려.

부르너: 말씀을 듣자 하니까, 제가 무슨 몹쓸 짓이라도 한 것 같습니다.

듀이: 다소간 그렇소. 내가 말하고 싶었던 것은 무엇보다도 선생이 쓴 '존 듀이가 가고 그 뒤에 오는 것은 무엇인가.'라는 글에 관해서였소. 선생 자신의 생각을 주장하는 것은 좋지만, 그렇게 하기 위해

남의 생각이 틀렸다는 말을 할 필요가 있을까요? 사실 내가 마흔 도 되기 전에 쓴 '나의 교육학적 신조'라는 글은 내 교육이론의 설계도라고도 할 수 있소. 그러나 후학들이 거기에 나온 언어만을 그대로 믿고, 그 연설 뒤에 들어 있는 의미를 멋대로 해석한 데 대해서는 언제나 가슴 아프게 생각해 왔소. 지금쯤 선생도 내 말이 무슨 뜻인지 알 때가 되었다고 생각하지만….

부르너: 말씀하신 그대로입니다. 먼저, 선생님께서 말씀하신 저의 글 '존 듀이는 가고……'라는 글에서, 존 듀이라는 말은 선생님 자신 또는 선생님의 생각을 말하기보다는 '생활적응 교육'을 나타내는 말입니다. 그때 저는 선생님의 생각 그 자체에 관심이 있었다기보다는, 많은 사람이 선생님의 생각에 바탕을 두었다고 생각한 생활적응 교육에 관심이 있었던 것입니다. 즉 '생활사태'를 교육내용으로 삼아 거기에 잘 적응하는 사람을 길러내는 데에 교육의 목적이 있다고 하는 교육관에 집중한 것이지요. 그런 선생님의 이론과 제가 주장하는 학문의 밑바탕에 깔려 있는 사고방식, 이것을 제가 만들어낸 말로는 '지식의 구조'라고 하는데, 그것에 교육의 목적이 있다고 하는 교육관을 대비시키고자 했던 것입니다.

듀이: '존 듀이가 가고…'라는 선생님의 글에서 내가 느낀 것과는 다르지만, 참으로 학자다운 훌륭한 태도입니다. 그러나 나의 글에서 지식의 구조나 탐구학습이라는 말을 안 했다고 생각할 필요는 없소. 교육 개혁가로서 우리의 할 일은 그때그때 교육이 안고 있는 문제를 지적하고 그 개선 방향을 시사해 주는 것이라고 볼 수 있

소. 그래서 이야기인데, 탐구라는 말은 내가 쓴 책에 자주 나오는 말이며, 아주 낯익은 말이 되었습니다. 사실상 내 생각을 이해하려고 한 사람 중에 누군가가 나의 견해를 한마디로 요약하여, "존 듀이는 '탐구探究inquireing'를 교육의 본질로 삼았다."라고 말하는 것을 들었을 때 나는 전적으로 공감했소.

부르너: 선생님께서 그토록 '탐구'를 강조하신 까닭은 무엇입니까? 그리고 교육의 주된 문제점을 무엇이라고 보셨기에 탐구를 교육의 본질이라고 주장하셨습니까?

듀이: 선생님이 한 질문은 그대로 선생 자신에게도 해당되는 질문이오. 먼저 선생의 대답부터 들어 봅시다.

부르너: 제가 먼저 대답해 보겠습니다. 《교육의 과정教育의 過程》을 보면 , 핵심적 확신에 관하여 언급한 부분이 있습니다. 거기서 저는 이렇게 말했습니다. "지금까지 교육에서는 '교과'를 가르친다고 하면서 교과가 아닌 다른 어떤 것…", 이 '어떤 것'을 저는 '교과의 중간언어'라고 했습니다마는 아무튼 "이러한 교과의 중간언어를 가르쳐 왔다."라고요. 이 이상 중요한 문제가 교육에 또 있을까 하고 저는 생각합니다. '지식의 구조'나 '탐구학습'은 결국 이 문제를 해결하는 방법으로 제시된 것입니다.

듀이: 그러니까 여기서 문제가 되는 것은 '교과를 교과답게 가르치는 것'과 '탐구' 사이에 어떤 관련이 있는가. 다시 말하면, '교과답게' 가르치는 것이 어떤 것인가? 그리고 '교과답지 않게'가르치는 것이 어떻게 하는 것인가 하는, 매우 어려운 질문이 해답되어야 합

니다.

부르너: 그렇습니다. 제가 보기에 교과라는 것은 대부분의 경우 학문으로 구성되어 있기에, 교과를 교과답게 가르치는 것은 곧 그 교과를 구성하고 있는 학문의 성격에 맞게 가르치는 것을 의미합니다. 그리고 학문의 성격에 맞게 가르친다는 것은 학생들로 하여금 학자들이 하는 일과 동일한 일을 할 수 있도록 가르치는 일입니다. 즉 새로운 지식을 만들어내는 학자들이 하는 것, 초등학교 3학년 학생들이 하는 것을 막론하고 모든 지적 활동은 근본적으로 동일합니다. 이런 활동의 차이는 하는 일의 종류에 있는 것이 아니라, 지적 활동의 수준에 있는 것입니다. 물리학을 배우는 학생은 바로 물리학자이며, 물리학을 배우려면 물리학자들이 하는 일과 똑같은 일을 하는 것이 가장 쉬운 방법일 것입니다. 물리학자들이 하는 일과 똑같은 일을 한다는 것은 물리학자들이 하듯이 물리 현상을 '탐구'한다는 것이라고 생각합니다. '

듀이 : 논리치고는 훌륭한 논리요. 그런데 내가 이해가 가지 않는 것은 초등학교 3학년 아이가 물리학자와 동일한 일을 하면 어떻게 되는지에 대한 것이오. 그렇게 가르침으로써 이루고자 하는 바가 무엇이오? 마찬가지 질문이지만, 왜 교과의 중간언어를 가르치면 안 된다는 말이오?

부르너: 바로 그것이 제가 본 교육의 문제점과 직결됩니다. 제가 보기에 물리학을 중간언어로 가르치면, 그 물리학은 '학생의 것'이 아닌 채로 학생의 바깥에 머물러 있게 됩니다. 다시 말씀드리면 물리학

자들이 발견한 지식을 학생들에게 그냥 일러주기만 한다면, 설사 학생들이 그 지식을 외운다 하더라도 그것은 학생들이 물리 현상을 보는 데에 하등 영향을 미치지 못하게 됩니다.

듀이: 선생님의 말을 듣는 동안 나는 마치 그 당시 내가 본 교육의 문제점을 선생님이 대신 말해 주는 것 같은 인상을 받았습니다. 내가 본 문제점은 교사들이 교과서에 적혀 있는 지식들을 마치 금과옥조인 양 생각하고, 그런 고정된 지식을 학생들에게 맹목적으로 암기시킨다는 데에 있어요. 이 문제에 대한 나의 생각은 이렇소. 그러한 지식이 학생들에게 의미 있는 것이 되기 위해서는 그것을 맹목적으로 암기해야 할 고정된 지식으로 가르칠 것이 아니라 학생이 생활하는 동안에 당면하는 문제사태를 자발적으로 탐구하는 과정을 거쳐 스스로 습득하도록 하지 않으면 안 된다는 것이오. 그렇기에 나의 이론 중 자발적인 탐구와 함께 생활사태가 강조되었던 것은 매우 당연하오.

부르너: 선생님의 심경이 착잡한 이유를 알겠소. 선생님과 저는 동일한 문제점을 보았으면서도, 한쪽은 생활사태를, 다른 한쪽은 학문을 강조했던 것입니다. 참으로 기이한 일이 아닐 수 없습니다. 선생님께서도 인정하시리라 생각합니다마는, 생활사태를 강조하는 교육이 나중에 가서는 중요한 교육내용도 가르치지 않는다는 비난을 받지 않았습니까?

듀이: 그것이 아까 내가 가슴 아프다고 한 바로 그 점이오. 일단 교육내용과의 관련을 떠나서, 생활사태 그 자체가 교육내용이 된다면 교

사들은 그야말로 무엇을 가르쳐야 할지 모르게 될 것입니다. 원래 생활사태라는 것은 교육내용을 의미 있게 가르치는 수단으로 중요시되었던 것이오. 이 의도에 의하면, 생활사태라는 것은 교육내용과 관련되어 있어야만 의미가 있는 것입니다. 어쨌든 그것은 지나간 일이 되었습니다. 이제 문제는 선생님의 아이디어에 있소. 선생님 주장하는, '학자들과 동일한 일을 하도록' 하는 방법은 구체적으로 어떤 것이오?

부르너: 대체로 말하면, 문제사태를 제시하고 그 사태를 설명하는 원리를 학생들이 스스로 탐구하고 발견하도록 하는 방법이라고 할 수 있을 것입니다.

듀이: 당연히 그렇게 나올 줄 알았소. 내가 묻고 싶은 것은 학생들이 어떻게 그러한 원리를 탐구하고 '발견'할 수 있는가 하는 것이오. 만약 구체적인 문제사태를 제시해 주고 학생들에게 '탐구하라. 발견하라.'라고 말하는 것 이외에 교사가 무슨 일인가를 해야 한다면, 그것은 어떤 일이오? 탐구학습을 하려고 하는 사람은 이런 종류의 질문을 심각하게 생각해야 하지 않겠소?

부르너: 사실, 그렇습니다. 대부분의 경우 교사가 따라야 할 공식으로 제시되고 있고, 무슨 내용이든지 그 공식에 맞추어서 가르치면 바로 탐구학습이 된다고 생각하는 경향이 있는 것 같습니다.

듀이: 선생님이 그런 문제를 의식하고 있다니, 탐구학습의 장래는 참으로 밝은 것 같소. 탐구학습을 만족스럽게 하기 위해서는 모든 교사가 소크라테스와 같은 교육적 예지를 가지고 있어야 한다고 말

할 수 있을 것이오. 그렇지 않고 방금 선생님이 말했듯이 대부분의 교사가 탐구학습을 공식으로 취급한다면 어떻게 되겠소? 십중팔구 탐구학습은 선생이 '존 듀이가 가고…'라는 글에서 비판한 것처럼 생활사태 교육과 동일한 운명을 겪게 될 것이오. 그도 그럴 것이, 탐구학습에서 학생들에게 제시되는 '문제사태'는 '생활사태'와 동일한 것이 아니겠소? 그러나 이제 이 모든 것은 선생이 떠맡아야 할 문제요. 나는 요즘 소크라테스 선생을 좀 공부하고 있는데, 며칠 전에 약속한 소크라테스 선생의 면담 시간이 다 되어가는 것 같아 이만 가봐야겠소, 연구 많이 하시기 바라오.

듀이의 경험주의 교육과정과 부르너의 학문중심 교육과정의 이해

두 학자의 논쟁에서 듀이와 브루너의 교육이론이 기존 교육 사상과 어떤 차이가 있는가를 파악했다.

듀이의 견해인 경험중심 교육과정은 교육 내용이 전통적인 문화유산이나 가치 체계인 교과로 구성되는 것이 아니라, 학습자가 교육에서 중심적인 존재가 되어야 한다는 입장에서 학습자가 행해야 할 경험으로 교육 내용을 구성한 교육과정이다.

이에 반해 부르너의 학문중심 교육과정은 미국 내에서 경험주의 교육에 대한 반성이 일면서 대두되게 된 교육과정의 사조이다. 교육의 기본 목적은 지적 능력의 개발이며, 핵심원리는 어떤 교과든지 학문의 기본 개념이나 원리를 정선하여 지식으로서 올바른 형태로 표현하면 어떤 발달단계에 있는 아동에게도 효과적으로 가르칠 수 있다는 것이다.

브루너는 자신의 이론을 듀이의 이론과 비교하며 자신의 교육 사상이 지닌 성격을 뚜렷이 밝혔다. 급격한 사회 변화를 겪으면서 고도의 과학기술 사회로 접어들고 있는 20세기 후반기의 교육을 이끌어가기 위해서는 새로운 교육이 필요하다고 주장한 그의 교육 이론은 지금까지도 교육이론의 맥을 지탱해 오고 있다.

반면 20세기 전반기의 교육철학을 주도한 듀이가 주창한 "환경은 인간에게 특정한 방향의 반응을 유발함으로써 지적 도덕적 성향을 형성하며, 인간은 이 환경에 능동적으로 참여함으로써 그 사회 성원으로서의 '마음'을 부여받는다. 이것이 교육이다."라는 그의 교육이론은 깊은 곳에서 부르너의 교육이론과 일맥상통하고 근현대 교육사상의 반석으로 자리매김하고 있다.

생각을 만들어가는 생각교육 ⑤

시대의 스승 신영복 선생님의 묵언과 소통하다

신영복의 생은 처음처럼이시다

소귀 신영복의 묵언 '처음처럼'은 이렇게 시작한다.

> "처음으로 하늘을 만나는 어린 새처럼, 처음으로 책을 밟는 새싹처럼, 우리는 하루가 저무는 겨울 저녁에도, 마치 아이처럼, 새봄처럼, 처음처럼, 언제나 새날을 시작하고 있다." 산다는 것은 수많은 처음을 만들어가는 끊임없는 시작입니다.

소귀 신영복1941- 2016선생님을 떠올리면, 필자는 '처음처럼'이라는 글씨가 가장 처음 떠오른다. 그 글씨에 담긴 속뜻을 알고 나서야 신영복 선생님이 눈에 보이기 시작했다. 이후부터 신영복 선생님의 생각이 담긴 책을 읽을 때마다 선생님의 삶에서 우러나온 감동과 가르침이 진하게 울려 퍼진다. 그의 모진 생애에서 체화로 영근 묵언默言이 우리에게 가르침으로 주셨기 때문이다. 그가 던진 묵언은 말을 안 하는 것이 아니라 쓸데없는 말을 안 하는 것으로, 오히려 반드시 해야 할 말은 한다는, 뜻을 지닌 힘 있는 외침이다.

신영복 선생님은 '슬픔의 위치'를 이렇게 읊으셨다.

> "나의 아픔이 세상의 수많은 아픔의 한 조각임을 깨닫고 나의 기쁨이 누군가의 기쁨이 되기를 바라는 마음이 우리의 삶을 더욱 아름답게 만들어 줍니다."

이 문구는 잔잔한 파도가 되어 울림을 준다. 그가 뭇 인간의 아픔을 자기 가슴에 안고 살아오신 정신세계를 더 높이 승화하고 있다. 선생님이 체화로 영글어 있는 자비가 담겨있기 때문이다.

신영복 선생님은 어떤 아픔을 떠안았을까? 1968년 통혁당 사건으로 무기징역을 선고받아 스물일곱 살의 청년으로 감옥에 갇힌 후, 20년 20일 만인 1988년 8.15 특별가석방으로 세상에 다시 나왔다. 그리고 감옥에서의 생활을 다룬 《감옥으로부터의 사색》이라는 산문집을 저술하고, 교육에 힘썼다. 그런 그의 행적과 함께 삶에 녹아내린 철학과 사상은 '세상에 내던진 의미 있는 생각으로 그치지 않고 실천을 통해 실질적인 세상의 변화를 이끌어내어 화평을 기구하라.'라는 철학적 화두를 제시한다. 그렇게 신영복 선생님은 시대의 지성인이자 스승이었음을 모두가 기억하고 있다.

신영복의 묵언

그래서일까? 선생님의 '묵언默言'에는 큰 울림이 있다.

> "나의 아픔이 팽이가 꼿꼿이 서 있는 때를 일컬어 졸고 있다고 하며, 시냇물이 연못을 이루어 멈출 때 문득 소리가 사라지는 것과 같이 묵언은 역동을 준비하는 내성內省 의 고요입니다. 묵언默言은 선한 것을 위하여 자리를 비우는 내성 깊이 자기를 돌이켜 봄의 고요함이며 겸손함입니다."

신영복 선생님은 '가장 먼 여행'을 읊조린다.

> 인생의 가장 먼 여행은 머리에서 가슴까지의 여행이라고 합니다. 냉철한 머리보다 따뜻한 가슴이 그만큼 어렵기 때문입니다. 그러나 또 하나의 가장 먼 여행이 있습니다. 가슴에서 발까지의 여행입니다. 발은 실천입니다. 현장이며 숲입니다.

그는 '가장 먼 여행'에서 자신의 속내를 이렇게 말없이 외치신다.

우리의 삶이란 흔히 여행에 비유하기도 하지만, 일생 동안에 가장 먼 여행은 바로'머리에서 가슴까지 여행'이라고 한다. 이것은 이성cool head과 감성warm heart의 거리를 이야기하는 것이기도 하고, 지식과 품성의 차이를 이야기하는 것이기도 하다.

그리고 이러한 공감이 또 하나의 가장 먼 여행인 '가슴에서 발까지의 여행'으로 이어지기를 바란다. 머리에서 가슴으로, 가슴에서 다시 발에 이르는 긴 여정이 시작되기를 바란다. '발'은 삶의 현장이며, 땅이며, 숲이라고 할 수 있다. 우리의 삶이 지향하는 여정이란 결국 개인으로서의 완성을 넘어 숲으로 가는 여정이기 때문이다. 나무의 완성이 이름 있는 나무나 낙락장송이 아니라 수많은 나무가 함께 살아가는 '숲'이기 때문에 그렇다.

'가장 먼 여행'은 신영복 선생님 자신의 정신세계이기도 한데, 2016년 1월 15일 타계하신 후 3달이 채 안 된 2016년 4월 3일 일요일, 고향인 밀양의 숲이 있는 선산에서 고인의 수목장이 조촐하게 진행되었다. 좋아하는 진달래꽃도 표지석 주변에 빼곡하게 심어두었다고 한다.

한편 신영복 선생님의 정신을 기리고, 주민들에게 사색의 공간을 제공하기 위해 그의 대표적 저서인 《더불어 숲》에서 착안한 '더불어 숲길'인 산책로를 그가 재직했던 성공회대 뒷산에 조성하였다.

그는 가셨지만 그의 올곧은 사해정신四海精神은 '더불어 숲'에서 우리와 항상 동행하여 서로를 북돋우며 사랑해야 한다는 메시지를 던지고 계실 것이다.

신영복 선생님이 '희망의 언어'라고 일컬어 온 '석과불식碩果不食'은 그로 하여금 최고의 인문학을 남겨 준다.

> '석과불식'은 '씨 과실은 먹지 않는다.'라는 뜻입니다. 씨 과실은 '먹지 않는다.'라는 뜻으로도 읽힙니다. 희망의 언어입니다. 무성한 잎사귀 죄다 떨구고 겨울의 입구에서 앙상한 나목으로 서 있는 감나무는 비극의 표상입니다. 그러나 그 가지 끝에서 빛나는 빨간 감 한 개는 '희망'입니다. 그 속의 씨가 이듬해 봄에 새싹이 되어 땅을 밟고 일어서기 때문입니다. 그 봄을 위하여 나무는 엽락분본葉落糞本 잎사귀를 떨구어 거름하고 있습니다.

석과불식은 사람을 키우라는 가르침이다. 사람을 키우는 일이야말로 그 사회를 인간적인 사회로 만들기 때문이다.

마지막으로 분본糞本이다. 분糞은 거름이다. 분본이란 뿌리에 거름하는 것이다. 낙엽이 뿌리를 따뜻하게 덮고 있다. 중요한 것은 '뿌리가 곧 사람'이라는 사실이며, 따뜻하게 북돋아 인간답게 키워야 한다는 것이다. 사람마다 최고의 가치를 지녔기 때문이다. 혹여나 절망과 역경이 있더라도 사람을 키워 내는 것은 석과불식의 교훈이고, 희망의 언어라는 큰 울림을 지금도 울려주고 있다.

살아갈 우리의 모습

더불어 신영복 선생님의 글 '나무의 나이테'는 자신의 삶의 현실을 짧은 글로 노래하고 있다. 이 글은 한 개인이 지향하는 바에 따라 우리가 살아가야 할 이정표이기도 하다.

> 나무의 나이테가 우리에게 가르치는 것은, 나무는 겨울에도 자란다는 사실입니다. 그리고 겨울에 자란 부분일수록 여름에 자란 부분보다 더 단단하다는 사실입니다.

그는 우리 모두에게 홀로 살 수 없는 존재이기에 공존해야 함을 묵언으로 가르쳐 주시고, 모두가 동행해 함께하는 삶을 살아야 한다는 큰 말씀을 인간 사랑으로 승화시켜 여태까지도 우리의 가슴을 '안개꽃' 같이 풍성하게 채워주고 계시다.

> 아무리 절절한 애정을 담고 있다 하더라도 그것을 표현하는 방법에 따라 반대물로 전락할 수도 있는 것이 바로 사상의 역설입니다. 사랑의 방법을 한 가지로 한정하는 것은 사랑이 아닙니다. 사랑의 가장 확실한 방법은 '함께 걸어가는 것'입니다. '장미'가 아니라 함께 핀 '안개꽃'입니다.

소귀 신영복 선생님의 "'나'가 아닌 '우리'가 더불어 사는 삶이 세상을 아름답게 만들 수 있다."는 고귀한 정신은 시대를 뛰어넘어

지금까지도 훌륭한 스승의 말씀으로 남아 지워지지 않고 우리와 소통하고 있다.

생각을 만들어가는 생각교육 ⑥

에디슨과 뉴턴, 호기심과 소통하다

호기심은 사람이 갖는 특권

남들이 찾아내지 못한 것을 찾아내면 발견하는 사람이 된다. 남들이 생각조차 못한 것을 만들어내면 발명하는 사람이 된다. 발견과 발명은 남과 달리 꼼꼼히 살펴보는 태도에서 출발한다. 꼼꼼히 살펴보는 아이는 호기심이 많다. 호기심이 발동하면 스스로 질문을 던지고 스스로 답을 궁리한다. 온갖 것을 꼼꼼히 살피면 새롭지 않은 것이 없다. 항상 새로운 것이 숨어있다. 숨어있는 것을 찾아내는 것은 바로 문제의식이며 호기심이다. 호기심은 사람이 갖는 특권이다.

호기심으로 세상을 변화시킨 사람은 많지만, 그중 에디슨과 뉴턴의 자취를 살펴보지 않을 수 없다.

발명왕 에디슨

에디슨은 1847년 미국의 오하이오주의 밀란에서 태어났다. 1,000종이 넘는 특허제품을 발명하였으며, 1931년에 사망한 천재 과학자이자 발명왕으로 불리고 있다.

그런 그도 어느 날, 담임 선생님께 학급 학생들 앞에서 '네 머리는 빈 깡통이구나.'하고 냉소를 받은 일이 있다. 8세 소년에게 있어서 이 말은 매를 맞는 것보다도 더 큰 자극을 주었다. 대뜸 교실에서 뛰쳐나가 그대로 집으로 달려가서, 어머니께 "이젠 학교에 가기 싫어요!" 하고 눈물을 흘리면서 호소했다. 그는 선생님께 질문을 너무 많이 해서 혼나기 일쑤였으며, 선생님은 아무것도 모르기 때문에 질문을 하는 것으로 여기고 에디슨의 머리를 '빈 깡통'이라고 했던 것이다. 그러나 에디슨은 호기심이 발동해서 궁금증을 풀기 위해 질문을 했다.

그래서일까? 에디슨의 일생에서 그를 지칭하는 키워드가 있다면 분명 '호기심'일 것이다. 불이 붙는 원리를 알아보겠다며 헛간을 태워 먹었다든가 하는 호기심에 관련된 일화만 한 보따리인데, 그중 가장 유명한 것은 '에디슨의 달걀'이다. 알을 품어 병아리로 부화시키는 어미 닭을 유심히 관찰하다가 양계장에 숨어 들어가 온종일 달걀을 품었던 아이. 에디슨을 찾아 헤맸던 어른들은 그를 두고 이상한 아이라고 손가락질했다. 하지만 이러한 평가가 무색하게 소년은 자라서 세계에서 가장 많은 특허를 받은 발명왕이 됐다.

지금 이 순간에도 에디슨 같은 미래의 발명왕이 자신만의 알을 품고 있을 터이다. 훗날 과학자의 성공스토리를 부러워하는 '그저 그런 어른'이 될 것인가. 아니면 에디슨의 어머니처럼 아들의 서투른 행동을 호기심 넘치는 아들이라면서 이해하고 그가 좋아하는 공부를 자유롭게 하도록 허락하여 주는 훌륭한 조력자가 될 것인가.

에디슨의 달걀이 우리에게 던지는 질문이다.

에디슨이 발명한 전구는 인류의 삶을 획기적으로 바꾸어놓았다. 1879년 12월 3일, 토머스 에디슨은 미국 뉴저지의 먼로파크 연구소에서 탄소 필라멘트를 사용한 백열전구를 세상에 공개했다. 이 사건에 대해 독일의 역사학자 밀 루트비히는 "프로메테우스가 불을 발견한 이후 인류가 두 번째 불을 발견한 것이다. 인류는 이제 어둠에서 벗어났다."라고 기록하고 있다.

에디슨은 탄소 필라멘트 개발을 위해 백금부터 자신의 머리카락까지 이용해가며 1,200회가 넘는 실험을 했다. 이후 필라멘트의 재료로 대나무가 좋다는 사실을 알아낸 에디슨은 세계 여러 곳의 대나무 산지에서 재료를 모으고, 일본 교토 부근에서 나는 대나무가 가장 적합하다는 결론을 내리기도 했다. 이렇게 만들어진 '대나무 전구'는 10년 후 텅스텐 필라멘트가 개발될 때까지 세계를 밝혔다.

에디슨은 필라멘트 재료를 무수히 바꿔가며 4만 달러의 비용을 들여 1,200회 넘는 실험을 거듭한 끝에 개발에 성공한 백열전구의 특허신청서에 이렇게 적었다.

> "나는 탄화시키는 데 열중했다. 목화실, 아마실, 나뭇조각, 종이 등을 다양한 방식으로 꼬아보았지만, 램프는 깜깜했다. 그래서 흑연, 그리고 탄소 재료를 다양한 모양으로 타르와 섞어 다양한 길이와 지름의 선으로 꼬아보기도 했다."

발명왕 에디슨의 실패는 결코 나쁜 것이 아니었다. 실제 고금을 통틀어 실패와 실수의 가치를 인지하는 것은 인간을 인간답게 만들어 주는 필수적인 덕목이자 존재를 성장시키는 밑거름이 되어 왔다. 세상을 바꾸는 사람들은 언제나 실패와 매우 가까운 친구 사이였다.

때문에 발명왕 에디슨은 수많은 특허와 시대를 앞서간 생각으로 천재라 불린 사람이었다. 그의 수많은 발명품은 천재성의 일부이기도 했지만, 대부분은 셀 수 없는 실패의 과정이 낳은 산물이다. 인류를 어둠에서 해방시킨 위대한 발명품인 백열전구만 하더라도 필라멘트가 계속 끊어져서 그는 1,200여 번에 가까운 실패를 경험해야만 했다. 보통 사람이라면 엄청난 절망감에 휩싸였을 상황이지만, 에디슨은 오히려 이렇게 말했다.

> 난 지금 전구를 만드는 1,200가지 방법을 알아내는 중이라네!

실패란 곧 지금과는 다른 것, 새로운 것에 도전할 때 따라붙는 바늘과 실 같은 존재다. 도전하였기에 실패를 경험한 것이고, 도전하지 않은 자는 실패조차 허락되지 않는다. 실패에서 얻는 경험은 성공으로 향하는 밑거름이 된다는 것을 에디슨은 본능적으로 알고 있었던 것이다.

이런 연유로 에디슨은 "실패는 성공의 어머니다."라고 외치며 끝까지 연구를 해낸다. 이런 에디슨의 노력을 보면 초부득삼初不得三이 떠오른다. 초부득삼(初 처음 초, 不 아닐 부, 得 얻을 득, 三 석 삼), 이는 처음에는 실패해도 세 번째에는 성공한다는 뜻으로, 꾸준히 하면 성공할 수 있다는 말이다.

1931년 10월 에디슨이 사망하자, 당시 미국의 제31대 대통령이었던 허버트 후버 Herbert Hoover는 "그를 위해 오늘 밤 10시 모든 전등을 소등합시다."라고 제안한다. 암흑 속에서 에디슨이 발명한 전구의 소중함을 다시 한번 느껴보자는 것이었다.

뉴턴의 호기심

과학자 뉴턴은 1642년 영국에서 태어났다. 1666년 과수원의 사과나무 아래서 졸고 있던 뉴턴의 머리 위로 사과가 떨어졌다. 잠에서 깬 뉴턴은 사과가 왜 아래로 똑바로 떨어지는지 의문을 갖기 시작하였다. 마침내 그는 사과가 아래로 떨어지는 데에는 어떤 힘,

즉 중력이 작용한다는 것을 알았다.

뉴턴은 사과가 아래로 떨어지게 만드는 힘, 즉 중력이 작용하기 때문에 사과가 아래로 떨어지는 것이고, 중력은 우주에 있는 모든 물체 사이에 존재하는 힘이라고 생각했다. 중력이란 지구의 지표면에 있는 물체를 지구가 자신의 중심 방향으로 끌어당기는 힘을 말한다. 이것이 뉴턴이 발견한 만유인력의 법칙이다. 만유인력의 법칙은 뉴턴이 처음으로 이야기한 것으로, 질량을 가지고 있는 물체가 서로를 끌어당기는 힘을 말하는데, 두 물체 사이에 작용하는 만유인력의 크기는 물체의 질량의 제곱에 비례하고 물체 사이의 거리에 반비례한다.

그렇다면 지구와 사과 사이에 인력이 있고, 지구가 사과를 끌어당기는 힘과 사과가 지구를 끌어당기는 힘의 크기는 같은데, 왜 지구는 움직이지 않고 사과는 지상으로 떨어질까? 물체는 제자리에 있으려고 하는 성질이 있는데 이것을 '관성'이라고 하며 관성은 질량이 클수록 커진다. 그런데 지구의 질량이 사과의 질량보다 매우 커서 관성의 힘 역시 지구가 훨씬 크다. 그러므로 똑같은 힘이 가해졌을 때 관성이 작은 사과가 움직여 지상으로 떨어지는 것이다. 뉴턴은 그 힘이 행성을 포함해 우주의 모든 만물에 적용된다는 사실을 깨달았다.

그런데 이 일화는 정말로 사실일까? 사실일 수도 있고 아닐 수도 있다. 하지만 말년에 뉴턴은 이 이야기가 사실이라고 적어도 네 번은 주장했다.

'기적의 해'는 이것만으로 끝나지 않았다. 그의 머리는 '고작' 중력 따위의 문제로 과부하가 걸리기에는 너무도 뛰어났다. 그는 이 시기에 스물두 개나 되는 문제를 동시에 연구하고 있었다. 그중에는 자신이 유율법이라고 부른 계산법, 즉 오늘날의 미적분이 있다. 그뿐만 아니었다. 그는 빛의 성질도 연구했다. 당시까지만 해도 사람들은 빛은 흰색이라고 믿고 있었다. 하지만 그는 빛이 원래는 여러 색으로 이루어져 있음을 프리즘을 써서 증명했다. '기적의 해' 동안 그를 방해하거나 귀찮게 하는 이는 아무도 없었다. 이것이 그의 나이 스물네다섯 살 때의 일이었다.

1727년 3월 20일, 뉴턴은 여든다섯 살의 나이로 세상을 떴다. 뉴턴은 자신에 대해 이렇게 말한 적이 있다.

> "나는 세상에 내가 어떻게 비치는지 모른다. 하지만 나는 내 자신이 바닷가에서 노는 소년이라고 생각했다. 내 앞에는 아무것도 발견되지 않은 진리라는 거대한 대양이 펼쳐져 있다. 나는 가끔씩 보통 것보다 더 매끈한 돌이나 더 예쁜 조개껍질을 찾고 즐거워하는 소년이었다."

하지만 그는 단순한 소년이 아니었다. 그는 거인이었다. 그리고 훗날 또 다른 과학자들이 그의 어깨 위에 올라서서 더 먼 곳을 보았다.

호기심은 제4차 산업혁명을 이끄는 사고력

오늘을 살아가는 인류는 하루가 다르게 변화하는 문명과 문화를 만나고 있다. 변화하는 문명과 문화는 인간의 필요에 의해서 갱신되고, 혁신되고, 소멸되고 있다. 이는 인간의 사고가 고정관념에 사로잡혀 있지 않고 시시각각 진보하고 있기에 가능하다. 변화와 혁신의 동인動因은 필요에 의해 존재한다.

창의력을 꽃피운 발명가·발견자는 필요에 의해서 태어난다. 그래서 '필요는 발명의 어머니'라고 했다. 필요는 인간의 이상적인 기대와 현실 사이의 괴리에서 야기되는 문제의식의 소산이다. 문제의식이 있기에, 이를 해소하기 위하여 새롭게 창출된 산물 중 자연과학 산물인 하드웨어는 편리한 세상을 만들어가고, 인문·사회과학의 산물인 소프트웨어는 이상적인 세상을 만들어가고 있다. 그래서 창의적인 사고는 필요로서 나타나는 문제의식에서 나오고, 문제해결을 위한 변혁적인 메타사고는 제4차 산업혁명을 이끄는 사고력이다.

제4차 산업혁명 시대에서 학교 교육은 무엇을 필요로 교육해야 하는가? 세상을 변혁시킨 에디슨과 뉴턴과 같은 발명가·발견자의 탄생이 호기심에서 비롯된다는 것을 교사와 부모가 이해한다면, 학생들의 호기심이 태어날 수 있도록 노력해야 한다. 이를 위해서는 어떻게 해야 할 것인가 묻고 답하는 것은 교사와 부모의 몫이다.

생각을 만들어가는 생각교육 ⑦

고봉과 퇴계,
서로 다른 생각을 소통하다

고봉과 퇴계의 관계

생각하게 하는 교육을 논하는 것에 있어서 조선시대의 성리학의 두 거봉인 퇴계 이황1501~1570과 고봉 기대승1527~1572이 주고받은 생각은 결코 빠뜨릴 수 없다. 그들이 처음 만나 편지를 쓰기 시작할 때, 그들의 나이 차는 스물여섯이었다. 퇴계는 일가를 이룬 쉰여덟 살의 대학자로 성균관 대사성의 지위에 있었고, 고봉은 갓 과거에 급제한 서른두 살의 신출내기 선비였다.

두 학자 사이의 편지 왕래는 과거에 급제한 고봉이 상경해서 퇴계를 처음 만났던 해인 명종 13년(1558)년부터 퇴계가 세상을 떠난 선조 3년(1570년)까지, 16세기 후반 13년 동안 지속되었다, 이들의 편지는 관직에 있을 때는 서울에서 오갔지만, 퇴계는 주로 영남의 예안현 안동에 계셨고, 기대승은 호남의 광산현 광주에 계셨기에 인편으로 부친 편지들을 통해서 그들의 절박한 심정과 생각을 주고 받았다.

두 학자의 논쟁점인 사단칠정

편지 왕래 13년 가운데 첫 8년 동안 벌어진 퇴계와 고봉의 사단칠정四端七情 논쟁은 "1175년 주자와 육상산의 역사적 논쟁조차도 여기에는 비교될 수 없을 것(하버드대 옌칭연구소 소장 두웨이밍 교수)"이라고도 평가된 세기의 논쟁이었다.

먼저 사단칠정을 이해한 후, 두 학자 간의 생각 논쟁을 음미해 본다.

사단과 칠정은 마음의 작용으로 나타나는 감정의 양상으로서 서로 다른 경전에서 나온 것이다. '사단'(측은지심惻隱之心·수오지심羞惡之心·사양지심辭讓之心·시비지심是非之心)은 《맹자》(공손추상)에서 나오는 용어로 인간의 성품이 선하다는 증거로 확인되는 선한 감정의 양상이요, 사단의 마음(감정)은 인간의 성품인 인仁·의義·예禮·지智의 끄트머리端단라 설명하고 있다.

'칠정七情'인 희노애구애오욕喜怒哀懼愛惡欲은 《예기》예운禮運에서 나오는 것으로, 인간의 자연스러운 감정인정人情의 양상을 제시한 것이다. 《중용》에서 '희로애락喜怒哀樂'의 네 가지 감정을 언급한 것도 '칠정'과 같은 성격의 감정을 가리키는 것으로 본다. 사단·칠정의 감정은 마음의 작용이 밖으로 나타나는 양상인 만큼 경험으로 가장 쉽게 확인할 수 있는 현상이다. 이에 비해 성품은 마음의 본체요, 마음은 본체로서의 성품과 작용으로서의 감정을 동시에 포섭하고 있는 존재로 이해된다.

두 학자 간의 소통

편지 교류를 시작한 퇴계가 고봉에게 띄운 두 번째 편지는 이렇다.

> 선비들 사이에서 그대가 논한 사단칠정의 설을 전해 들었습니다. 저는 이에 대해 스스로 전에 한 말이 온당하지 못함을 근심했습니다만, 그대의 논박을 듣고 나서 더욱 잘못되었음을 알았습니다. "사단의 발현은 순수한 이(理)인 까닭에—언제나 선하고, 칠정의 발현은 기와 겸하기 때문에 선악이 있다." 이렇게 하면 괜찮을지 모르겠습니다.

이에 대한 고봉의 답변은 이렇다.

> 이제 만일 "사단은 이(理)에서 발현되므로 언제나 선하고, 칠정은 기(氣)에서 발현되므로 선악이 있다." 한다면, 이것은 이와 기를 나누어 둘이라고 하는 것입니다. 이것은 칠정은 선에서 나오지 않고 사단은 기를 타지 않는다는 말과 같습니다. 이렇

게 되면 병집이 있고, 따라서 후학들은 의심하지 않을 수 없습니다. 만일 다시 "사단의 발현은 순수한 이(理)이므로 언제나 선하고, 칠정의 발현은 기를 겸하므로 선악이 있다."로 고친다면 비록 지난번의 설보다는 조금 나은 것 같지만, 제 의견으로는 그래도 불만스럽습니다.

무릇 성(性)이 발현될 때 기가 작용하지 않아 본연의 선을 즉각 이룬 것이 바로 맹자가 말한 사단입니다. 이것은 완전히 순수하니 곧 천리(天理)의 발현입니다. 그러나 이것도 칠정의 범주를 벗어나지 못하니, 바로 칠정 중에서 발현하여 절도에 맞은 것의 싹입니다. 그러므로 사단과 칠정을 대구로 놓고 순수한 이와 기를 겸한 것이라고 번갈아 말할 수 있겠습니까? 무릇 이는 기의 주재자요, 기는 이의 재료입니다. 이들은 본래 구분이 있지만, 실제 사물에서는 완전히 섞여서 나눌 수 없습니다. 다만 이는 약하지만 기는 강하고, 이는 조짐이 없지만 기는 자취가 있습니다. 그러므로 이와 기가 사물 속에서 흐르거나 발현될 때, 지나치거나 모자라는 차이가 있게 됩니다. 이것이 칠정의 발현이 선하기도 하고 악하기도 하는 까닭이며, 성의 본체가 때로 완전하지 못한 경우도 있는 까닭입니다.

그래서 학자들은 모름지기 이가 기의 바깥에 있는 것이 아니라, 기가 넘치거나 모자라지 않게 스스로 발현된 것이 이의 본래 모습임을 알아야 하겠습니다. 이러한 깨달음을 가지고 공부에 힘쓴다면 어긋남이 없을 것입니다.

사단칠정에 대한 세 번째 소통 내용을 이해하려면 다음의 속뜻을 이해하면 도움이 될 것이다.

사단은 '이'에서 나오는 마음이고 칠정은 '기'에서 나오는 마음이다. 인간의 마음은 '이'와 '기'가 함께 존재하더라도 마음의 작용은 '이'에서 생겨나는 것과 '기'에서 생겨나는 것 두 가지다. 선과 악이 섞이지 않은 마음인 사단은 '이'에서 생겨나는 것에 속하므로 이것이 사람마다 성性이 다르고 기질이 다른 것과 같다. 정이라는 것은 성性품이 밖으로 발현한 것을 말한다.

이제 다시 사단칠정 논쟁으로 돌아가자. 사단칠정을 논한 세 번째 소통은 이렇다.

먼저 고봉의 편지이다.

> 맹자가 사단의 정만 가려내어 이 한쪽만을 가리킨 때에는 이를 주로〔主理〕 말했다고 할 수 있겠습니다. 하지만 자사(子思 : 공자의 손자)가 사단과 칠정을 합쳐 이기를 겸해서 말할 때에도 기를 주로〔主氣〕 말했다고 할 수 있습니까? 이것은 정말 내가 이해할 수 없는 것이니, 다시 가르쳐 주시면 어떻겠습니까?

고봉의 물음에 대한 퇴계의 비평이다.

> 이미 "통틀어 말하면…"이라고 했으니, 어찌 "이를 주로 하고

기를 주로 하는 분별"이 있겠습니까? 바로 대조하고 나누어 말할 때 이러한 분별이 있게 됩니다. 이것이 역시 주자가 "성이란 가장 말하기 어려운 것이어서, 같다 해도 되고 다르다 해도 된다."라 말한 것과 같고, 또 "온전하다고 해도 괜찮고 치우쳤다 해도 괜찮다."라 말한 것과 같은 것입니다.

성리학에서는 사물을 '이'와 '기'로 설명하는데, '이'는 세상의 원리이고 '기'는 그 이치가 구현되는 물질적 실체라고 한다. 사단칠정은 이와 기를 통해 인간의 마음심성의 본질을 설명하고자 하는 설이다. 퇴계는 이기이원론理氣二元論 관점에서 사단은 이가 발현한 것이요, 칠정은 기가 발현한 것으로 보았다. 반면 고봉은 이기이원론에 반대했다. 이에 대해 고봉은 '이'와 '기'는 관념적으로는 구분할 수 있지만, 인간의 감정을 연원에 따라 갈라놓기보다는 두 가지 가능성이 공존하는 하나의 실체, 즉 이기공발설理氣共發說을 강조했다. 말하자면 퇴계가 사물의 본질을 분별하고 나누어 도식화했다면, 고봉은 사물의 본질을 역동적이고 통일적으로 바라본 셈이다. 이 점에서 고봉의 생각은 율곡이 주장하는 '이기일원론'과 다르지 않다.

두 학자 간의 소통은 계속되고 있다

한편 퇴계와 고봉의 이념적 논쟁은 그들이 타계한 이후 오늘날에도 계속되고 있다. 두 학자는 온라인이 발달하지 못해서 오로지 오프라인으로만 소통하였는데, 패기·방장한 청년 성리학자 고봉으로부터 일가를 이룬 스승에게 물음을 구하고 답을 받는 방식을 뛰어넘어 지식에 도전하는 정신을 배우게 된다. 다름 아닌 지식탐구와 학문연구로 지식지도를 엮어가는 아이템이다.

오늘날에도 사단칠정 문제는 인간의 감정이 이·기 개념과 어떻게 연결되는가에 따라 인간 감정 속에서 선·악의 발생 근원을 확인하는 윤리적 문제로 연결되고 있다.

교육이론에서도 학學과 행行의 선후 관계에 대한 논쟁이 있다. 퇴계와 고봉의 이념적 사유 중 '이'와 '기'가 구현되는 논쟁은 교육심리학과 행동심리학, 교수이론 등 교육의 관련 학문분야에서도 예외일 수 없다.

이 논쟁과 상관하여 볼 때 중국의 유학자 왕양명도 학과 행이 분리될 수 없는 통합적 작용이라고 주장하고 있다. 그가 말하는 "지知는 처음부터 마음에 존재하므로 행위는 그 표현에 지나지 않고, 양자는 별개의 것이 아니라 처음부터 하나."라는 지행합일知行合一은 중국의 주자가 주장한 수양법으로, 도덕적 이치를 알기 전에는 이를 실천할 수 없다는 선지후행先知後行과의 이념적인 논쟁으로 오랫동안 이어오고 있다.

다산은
생각을 다산한다

2018년이 저물어가는 12월 마지막 주의 어느 날, 부인이 다니고 있는 사공서예원 원장님과의 점심식사 약속이 있었다. 식사 장소에서 소담을 마무리하신 원장님께서는 유생유생有生有生이라고 적힌 한자 소품을 나에게 주셨다. 몸소 성어成語하신 사구四句라 하시면서 "살아있는 동안 자기의 가치를 만들어야 살아있는 인생이라 말할 수 있다."라고 일러준다. 이 성어를 접하니 다산 선생이 말씀하신 유생무생有生無生이 문득 떠올랐다.

다산의 유생무생

다산 정약용1762~1836은 행정서인 《목민심서》, 형법서인 《흠흠심서》, 경제서인 《경세유표》, 평생 이룩한 다방면에서의 업적을 모은 책인 《여유당전서》를 비롯한 500여 권의 책을 남겼다. 그가 저술한 서책의 수도 놀랍지만, 그가 남긴 생각은 오늘날에도 정치, 경제, 사회, 문화, 예술 등 미치지 않는 분야가 없다.

다산 정약용 선생의 여정을 더듬노라면 그의 유생무생有生無生의 인생 이야기가 먼저 가슴에 와닿는다. 살아있어도 살아있지 않은 것마냥, 즉 숨만 쉬고 밥만 먹고 살아있을 뿐 아무런 의미도 없는 사람의 인생을 지칭하는 말이다. 즉 단구로 '살아있어도 아무런 의미 없이 살아 있는 사람'일 것이다.

그렇다면 어떻게 사는 것이 가장 의미 있는 인생일까? 가끔은 던져보는 질문이기도 하며, 뭇 인간들이 자문자답해보는 경우가 한두 번이 아닌 질문일 듯싶다. 바쁘게 살다가도 스스로를 돌아보면 내가 가고 있는 길이 옳은 길인지, 내가 살고 있는 인생이 옳은 것인지를 고민하게 될 때가 있다. 가끔 던져보는 인생의 의미에 대한 질문에 우리는 나름대로 답을 내놓기도 한다. 높은 지위에 오르거나 돈을 많이 버는 것이 인생의 의미라고 생각할 때도 있고, 배불리 먹고 따뜻하게 입으며 평생 아무 걱정 없이 살다 가는 것이 인생의 참 행복이라고 할 때도 있다. 참으로 다양한 답을 생각하게 해주는 인생의 의미. 답은 한두 가지가 아닌 것 같다.

다산은 유생무생을 이렇게 정의했다.

"마음을 다스리고 본성을 기르는 일을治心養性邊 그저 한가로운 사람들의 일이라고 제쳐두거나事目之爲閑事, 책을 읽고 세상의 이치를 따져보는 일을 옛날이야기 정도로만 생각하는 사람이야말로書窮理 指爲古談 세상에서 가장 경박한 사람이며 살아 있어도 죽은 인생이나 마찬가지의 사람이다世有一等輕薄男子."

유생무생의 참뜻

그러나 우리가 그리는 이상적인 인생은 마음을 다스리고 이치를 따지며 인생의 의미를 찾아가며 사는 인생, 비록 남보다 지위가 낮고 재물이 부족하다고 해도 결코 밀리지 않는 삶이 의미 있는 인생의 참된 모습이 아닐까 한다. 유생무생은 살아있어도 살아있는 것이 아닌 인생이란 뜻이니 참으로 경계할 만한 구절이다.

그렇다면 유생무생有生無生이 아닌 유생유생有生有生 마냥, 살아있는 동안 자기의 가치를 만들며 살아가는 삶은 어떻게 엮어가야 할까? 자기의 가치는 생각의 크기에 달려 있다 하겠다. 인간이 의식이 없다면 살았다고 할 이유가 없다.

정민한양대학교 교수의 《다산어록청상》 10편에 실린 다산의 120가지 생각 중 세 가지 생각을 만나보고 싶다.

먼저 '정신을 맑게 하는 이야기' 편의 '마음과 얼굴'을 만나본다.

> 공부하는 학생은 그 상이 어여쁘다. 장사치는 상이 시커멓다. 목동은 상이 지저분하다. 노름꾼은 상이 사납고 약삭빠르다. 대개 익힌 것이 오랠수록 성품 또한 옮겨간다. 속으로 마음을 쏟는 것이 겉으로 드러나, 상도 이에 따라 변하는 것이다. 사람들은 상을 변하는 것을 보고, "상이 이러니 하는 짓이 저렇지."라고 말한다. 아! 이것은 잘못이다.

사람은 생긴 대로 노는 것이 아니라 노는 대로 얼굴이 변하니, 나이 들면서 자기 얼굴에 책임을 지며 자기관리를 게을리하지 말라는 말이다.

이어 '몸과 마음을 닦는 공부' 편의 '진짜 도학'을 만나본다.

> 세상에서 높은 관을 쓰고 넓은 소매에 팔짱을 끼고 오도카니 꿇어앉아 눈을 지그시 감고 마치 빚어놓은 사람처럼 가만히 있는 자가 어찌 진짜 도학군자이겠는가? 이를 보고 입을 열어 번갈아 가며 칭찬하는 자가 어찌 모두 참으로 사모하고 기뻐하는 자이겠는가? 오직 노크를 이로움으로 보상해주지 않아도 힘껏 하고, 가까이해보았자 영예로울 만한 것이 없는데도 자기를 굽혀 나아가는 사람이라야 배움이 참되고 사모함이 거짓되지 않다고 말할 수가 있다.

얻을 것이 없어도 마음이 기뻐서 기꺼이 수고하는 것이 진짜 참된 사람이다. 사람들은 겉모습을 보고 진짜와 가짜를 혼동한다. 소박하고 진솔한 진짜보다 그럴듯하고 폼 나는 가짜를 좇아다닌다. 세상에 가짜가 횡행하는 까닭이다.

셋째로 '사람을 대할 때의 바른 태도' 편의 '큰 그릇'을 만나본다.

> 옛날에 어떤 사람이 뜻밖에 큰 망치 소리를 듣고서 깜짝 놀라 병이든 일이 있었다. 통나무 두드리는 작은 소리조차 온통 꺼려 약을 먹어도 소용이 없었다. 어떤 의원이 병든 사람을 자리 밖에 있게 하고는 느닷없이 큰 망치 소리를 통해 다시금 한 차례 크게 놀라게 했다. 연거푸 백 번 천 번 소리를 내자 병이 싹 나았다. 이제 다시 한 차례 모임을 도모하여 시골 사람의 병통을 치료하고 싶은데, 힘이 빠져 능히 떨쳐 일어나지 못하니 크게 유감이다. 한 끼 밥에 살찌고 한 끼 밥에 버쩍 마른다면 사람들이 천하게 여긴다. 사군자가 서로 모여 강학하는데, 우연히 한 간사한 미친 자가 말을 꾸며 비방했다 하여 마치 땅이 꺼질 듯 마음이 주저앉는다면, 어찌 진보하여 그릇이 되기를 바라겠는가? 무릇 일에는 스스로 반성하여 허물을 물리치는 경우도 있고, 뜻을 다잡아 굽히지 않을 것도 있는 법이다.

사람이 사노라면, 문제는 항시 내 안에 있다. 일이 잘못되면 남을 탓하지 말아야 한다. 내 스스로 떳떳하면 누가 뭐라 해도 굽히지 않고 정진해야 한다. 날마다 진보하여 큰 그릇이 되려거든 겸양해야 하며, 호연한 기상을 가져야 함이 마땅하다는 게 다산 선생의 큰 생각이다. 다산 선생의 큰 생각은 문과에 급제할 당시부터 엿볼 수 있다.

다산 선생이 28세 되던 해, 정월 27일 문과에 우수한 성적으로 급제하고 임금으로부터 칭찬과 격려의 말씀을 듣고 물러나면서 느낀 소감을 표현하여 임금께 다짐할 때, "미숙하여 임무 수행은 어려우나, 공정과 청렴으로 정성을 다 하겠노라(둔졸난충사 공렴원효성鈍拙難充使 公廉願效誠).'라고 했다. 다산 선생이 청렴한 자기 관리와 공정한 직무 수행을 다짐하는, 목민관으로서의 다짐을 엿볼 수 있다.

그렇다. 그의 최고의 저서로 평가받는 목민심서 첫머리에는 누구나 벼슬을 얻어 입신출세하고자 하는 욕망이 있을 것이나, "벼슬 중에서도 수령만은 자기가 원한다고 하여 애써 구해서는 안 된다 他官 可求 牧民之官 不可求也."라고 하셨다. "왜냐하면 중앙의 관리는 서울에 있어 나라와 사회를 위해 힘쓰는 일봉공奉公을 직분으로 하고 법령을 지키면 되니 조심하고 근신하면 되지만, 수령은 직접 백성을 다스리기 때문이다."라는 그다운 선견지명을 엿볼 수 있다.

다산 선생은 문과에 급제한 해부터 관직생활을 시작했고, 암행

어사로 임명되어 전·현직 수령들의 수많은 비위 행위를 목도했다. 마지막 관직인 형조참의 시절에는 정조 재위 기간에 벌어졌던 형사 사건에 관한 수사, 검시, 재판기록을 모아놓은 '상형고'를 열람했다. 법을 집행하는 관리로서 백성들의 누명을 풀어주는 일도 적지 않았다. 다산의 이런 경험이 전무후무한 판례연구서 《흠흠신서欽欽新書》가 탄생하는 계기가 됐다. 이 같은 큰 생각은 우리나라의 역사상 으뜸가는 큰 어른이었음을 가히 짐작할 수 있게 만든다.

지금부터는 좋은 생각2006년 2월호에 실린 다산 선생의 또 다른 생각인 '공정한 심판'을 만나본다.

1799년 형조참의에 임명된 정약용은 정조 임금의 명에 의해 따라 확정·판결된 사건을 다시 검토했다. 그러던 중 함봉련이라는 사람이 억울한 누명을 쓰고 12년이나 감옥에 갇혀 있었다는 사실을 밝혀냈다.

나졸 모갑이 세금을 내지 않았다는 이유로 김태명의 송아지를 끌고 갔다. 놀란 김태명이 모갑의 가슴을 때리고 송아지를 빼앗았지만, 분이 풀리지 않아 하인 함봉련에게 모갑을 혼내주라고 했다. 함봉련은 모갑의 등을 떠밀었고 넘어진 모갑은 곧 일어나 집으로 돌아갔다. 그런데 그만 모갑이 집에서 죽어버린 것이다. 재판이 열리자 김태명은 목격자로 나와서 함봉련이 밀어서 사망한 것이라고 증언했고, 결국 함봉련은 감옥에 갇혔다.

정약용이 당시의 시신 검사 기록을 보니 가슴에 멍이 들어 있었다고 나왔다. 함봉련은 손바닥으로 등을 떼밀었다고 했는데 등에는 다친 자국이 전혀 없었다. 그렇다면 모갑은 가슴의 상처 때문에 사망했다고 추정되는데, 그 상처는 김태명이 때려서 생겼다. 이런 근거로 정약용은 정조에게 함봉련이 무죄라는 보고서를 올렸다.

정조는 함봉련을 석방하고 김태명을 체포하도록 명했다. 그리고 함봉련에 대한 사건 문서를 모두 태워 없애도록 했다. 죄 없는 사람에 대한 서류가 남는 것조차 부당한 대우라고 생각한 것이다.

훗날 정조가 세상을 떠나고 유배를 간 정약용은 이때의 경험을 바탕으로 범죄심리 실무지침서인 《흠흠신서》를 펴냈다. 정약용의 바람은 목민관들이 이 책을 읽고 억울하게 누명을 쓰는 사람이 없도록 판결하는 것이었다. 정조와 정약용처럼 공정한 왕과 신하가 있었기 때문에 조선시대에도 함봉련과 같이 미천한 신분에 있는 사람의 인권이 지켜졌다.

《흠흠신서》는 다산이 유배돼 있을 동안 《증수무원록》을 토대로 저작하였으며, 법률적 접근만 다룬 것이 아니라 법의학적·형사적인 측면을 포괄하고 있다. 한편 사건의 조사와 시체 검험 등 과학적인 접근까지 상세하게 다뤘다. 생명에 관한 범죄는 조심스럽고 성실하게, 또한 공정하게 처리해야 하며 실체적 진실을 발견하기 위해서는 꼼꼼하고 치밀한 조사 및 검증이 필요하다는 것을 누누이 강조했다

당시의 정치 제도는 목민관이 입법·사법·행정의 삼권을 온통 행사하고 있었으므로 이들이 이 책을 읽음으로써 백성들이 억울하게 죽는 것을 방지하자는 그의 바람이었음을 엿볼 수 있다.

어디 그뿐인가. 세상을 살아가려면 인간이 지녀야 할 윤리의 기초인 효孝와 제第를 근본으로 하였음을 두 아들에게 부친 편지글을 통해 알 수 있다. 다음의 글은 1802년 12월 22일 강진에서 귀양살이를 하면서 두 아들에게 쓴 편지의 일부다.

> 너희들 중 큰아들 학연의 재주와 기억력은 내가 젊었을 때보다는 조금 떨어진 듯하나, 열 살 때 지은 네 글을 나는 스무 살 적에도 짓지 못했을 것 같고, 이 근래에 지은 글은 지금의 나로서도 미치지 못할 것이 더러 있으니, 그것은 네가 효과적으로 공부하는 길을 택했고 견문이 조잡하지 않기 때문이 아니겠느냐. 네가 곡산에서 공부하다 집으로 돌아간 뒤 내가 과거 공부를 하라고 한 적이 있었지. 당시 주위에서 너를 아끼던 문인이나 시를 짓던 선비들은 본격적인 학문을 시킬 일이지 과거 따위나 시키고 있느냐고, 모두 나를 욕심쟁이라고 나무랐고 나도 마음이 허전했다. 그러나 이제 너는 과거에 응시할 수

없게 되었으니 과거 공부로 인한 그런 걱정은 안 해도 되겠구나. 내 생각에는 네가 이미 진사도 되고 급제할 실력이 족히 된다고 본다.

…(중략)…

너희들 중 둘째 학유의 재주와 역량을 보면 큰애보다 주판한 알쯤 부족한 듯하나, 성품이 자상하고 무엇이든지 생각해보는 사고력이 있으니 진정으로 열심히 책 읽는 일에 온 마음을 기울이면 어찌 형을 따를 수 없다고 하겠느냐. 근자에 둘째의 글을 보니 조금 나아졌기에 내가 알 수 있다. 독서를 하려면 반드시 먼저 근본을 확립해야 한다. 근본이란 무엇을 일컬음인가. 오직 효제孝弟가 그것이다. 반드시 먼저 효제를 힘써 실천함으로써 근본을 확립해야 하고, 근본이 확립되고 나면 학문은 자연스럽게 몸에 배어들고 넉넉해진다. 학문이 이미 몸에 배어들고 넉넉해지면 특별히 수서에 따른 독서의 단계를 강구하지 않아도 괜찮다.

…(후략)…

이 글은 다산이 두 아들과의 유친 관계를 중요시하여 아비로서의 겸손함을 보여주면서 아들의 재능을 칭찬해주고, 배려형식으로 가르침을 전달해준다. 그리고 인간은 인간다워야 하는데 그 출발은 가화만사성에 있으며, 그러기 위해서는 효제가 근간이 되어야 하고 학문은 그다음에 이어가야 뿌리가 있는 학문이 될 것이라고 넌지시 가르친다. 나아가서 "어버이를 섬기는 일은 어비이의 뜻을 거역하지 않는 것이 가장 중요하고 뜻이 세워져 있지 아니하고 학문을 설익고 삶의 큰길을 아직 배우지 못하고 위정자를 도와 민중에게 혜택을 주려는 마음가짐을 지니지 못한 사람은 시를 지을 수가 없는 것이니 큰아들은 그 점에 힘쓰기 바란다."라는 가르침을 편지글로 전해 주는데, 자신을 닦고, 부모를 섬기며, 그다음은 충忠에 이른다는 순차적인 인간윤리의식을 강조한 다산의 큰 생각과 만날 수 있다.

다산茶山은 생각을 다산多產한다

조선후기의 실학자이자 경세가인 다산 정약용의 실사구시 사상을 축약하고 또 축약하였기에 다산의 큰 생각을 갈파하기에는 부족하기 그지없지만, 그는 18세기를 전후하여 우리나라에서 강력히 제시되고 있던 개혁 의지를 집대성하고 개혁의 당위성을 명백하게 보여주었던 인물이다.

그의 정신세계에는 개혁을 향한 열정과 함께, 빈곤과 착취에 시달리던 백성에 대한 애정이 확연히 드러나고 있다. 그는 과감하게 시대의 문제점을 밝혀냈으며, 그것을 해결하기 위해 고뇌하던 양심적인 지식인이었다. 그리고 그는 당시 사회가 직면해 있던 봉건적 질곡을 극복할 수 있는 탁월한 사상가였다.

그래서 오늘날 학계에서는 그를 '넓고 깊은 실학사상을 다산多產

하여 이를 집대성한, 조선 후기 우리나라가 배출한 대표적 개혁사상가'로 평가하고 있다. 그리고 그의 큰 생각은 후세인들의 정신세계에 지대한 영향을 미치고 있다.

생각을 만들어가는 생각교육 ⑨

스티브 잡스의 다르게 생각하는 생각과 소통하다

스티브 잡스의 불우한 성장

세계인들에게 스티브 잡스Steven Paul Jobs가 누구냐고 묻는다면 하나같이 애플사의 창업자, 매킨토시 컴퓨터와 아이폰, 아이팟, 아이패드 등을 출시한 인물이라고 말할 것이다. 그래서 그를 IT업계에 새로운 바람을 불러일으킨 혁신의 아이콘으로 기억하고 있다.

그의 상장과정은 순탄하지만은 않았다. 1955년 2월 24일 미국 캘리포니아주 샌프란시스코에서 태어난 그는 태어나자마자 양부모 폴과 클라라에게 입양되었다. 양부모는 기독교 신앙을 가진 미국 서부의 평범한 농부였다. 그의 양아버지는 고등학교를 중퇴하고 군인이 되었으며, 캘리포니아주 해안경비대에 들어가 경비정 기관사로 근무했다.

전역 후 클라라와 결혼하였고 자동차 정비, 할부금 수금원 등의 직업을 가졌으며, 아이가 없자 스티브 잡스를 입양하였다. 잡스는 성인이 되어서 작가로 활동하는 여동생 모나 심프슨MonaSimpson과 대화 치료사였던 어머니, 정치학 교수였던 아버지의 존재도 알게 되었다. 하지만 그는 친부모에게는 관심이 없었으며, 언제나 양부모를 친부모처럼 존경하고 그 가르침을 따랐다.

IT 신기술 창조의 귀재

스티브 잡스가 3살 되던 해, 양아버지의 직장을 따라 사우스 샌프란시스코의 산업단지에 들어선 주택가로 이주하였고 주변 전자회사에 다니는 사람들과 어울리며 성장하였다. 이때 전자 분야에 관심이 많았던 동년배 빌 페르난데스, 5살이 많았던 스티브 워즈니악SteveWozniak을 만나 교류했으며, 이 교류는 스티브 잡스에게는 매우 긍정적인 영향을 주었다. 그들은 모두 학교에서는 낙제생이자 독선적인 성격을 가진 외톨이였지만, 전자기기에 대한 지식과 집념, 그리고 유쾌한 성격은 비슷했다. 이 무렵에야 스티브 잡스는 자신이 입양되었다는 사실을 깨닫게 되었고, 당시 미국 히피문화에 흠뻑 젖어 있었다고 회고하였다. 홈스테드 고등학교를 마친 뒤 오리건주 포틀랜드에 있는 리드대학교에 입학한 그는 마약을 중단하고 새로운 이상을 찾기 위해 동양철학을 공부했다. 하지만 1년만에 학교를 그만두고 캘리포니아로 돌아가 아타리라는 게임 회사에 취업하였다.

하지만 얼마 지나지 않아 회사를 그만두고 스티브 잡스는 수개

월간 인도 북부 히말라야 일대를 여행하였다. 그러나 기대했던 정신적인 만족감을 얻지 못한 채 미국으로 돌아가 아타리사에 복직하였다. 그는 컴퓨터 게임을 만들었으며, 이때 다시 워즈니악과 친분을 쌓아 전자분야에 대한 지식이 해박했던 그의 도움을 받았다. 사업적인 수완과 마케팅 감각이 뛰어난 스티브 잡스는 천부적인 전자 엔지니어였던 워즈니악의 도움이 있어야만 아이디어를 실현할 수 있었다. 각자의 장점을 합치기로 한 두 사람은 1976년 매킨토시 컴퓨터를 선보이고 성공을 거두었지만, 회사 내부 사정으로 애플을 떠나 넥스트 사(社)를 세웠다. 그러나 애플이 넥스트스텝을 인수하면서 13년 만에 다시 경영 컨설턴트로 복귀했다.

스티브 잡스가 애플의 CEO로 복귀한 2년 동안 애플은 자본이 20억 달러에서 160억 달러로 증가했으며, 픽사는 연이은 흥행 성공으로 애니메이션 역사상 가장 성공한 영화사로 기록되고 있었다. 한층 여유로워진 스티브 잡스는 새로운 미디어인 인터넷과 접목한 새로운 제품 개발에 눈을 돌렸으며, 그 대상은 음악이었다. 그는 항상 제품에서 모양과 색깔 등 디자인 결정을 매우 중요하게 여겼다. 아이튠즈 개발에 이어 아이팟 MP3 플레이어를 개발하여 세계적인 히트상품 반열에 올려놓았다.

그는 이제 사업가에서 세상을 바꾸는 인물로 인지되고 있었다. 많은 청중 앞에서 청바지에 검은색 셔츠로 연설하는 그의 모습은 바뀌어가는 세상의 서막을 알리는 행사로 각인되었고, 사람들은 그가 만든 제품에 열광했다. 2007년 맥월드에서 아이폰이 발표되자 전 세계적으로 선풍적인 인기를 끌었으며, 애플은 약 500억 달러의 수익을 올렸다. 특히 아이폰은 통신업계 전반을 뒤흔들어 놓았고, 문화적인 파급 효과도 지대했다. 또한 2010년 아이패드라는 태블릿 컴퓨터를 발표하면서 스티브 잡스가 주도하는 변화는 가속화되었다.

남과 다르게 생각한 스티브 잡스

스티브 잡스로 하여금 세계 IT업의 혁신을 가져온 비결은 무엇일까? 그 비결은 '남과 다르게 생각Think Different' 하는데 있었다. 그는 하는 일마다 '왜' 하는지, 그리고 '왜 그렇게' 하는지를 끊임없이 질문을 던지곤 했다. 혁신을 가져오는 것은 '왜'를 묻는 호기심과 '왜 그렇게'라는 관찰을 통해 새로움을 찾는데 있었다. 바로 이 같은 점이 스티브 잡스가 남과 다른 점이다. 이러한 경험은 그가 다른 사람보다 더 많은 경험을 하고 더 많이 생각을 하게 만들었다. 아이폰을 만들 때, 애플이 사용한 기술은 우리나라의 삼성이나 엘지 같은 전자업체도 갖고 있는 기술이었다. 그러나 그 기술을 다른 관점에서 사용했기에 스마트폰을 만들어 초창기에는 세계시장을 지배했던 것이다.

사소한 일도 그냥 지나치지 않고 관심을 갖는 습관이 그가 남과 다른 또 다른 점이다. 스티브 잡스는 남이 보기에는 하찮게 생각할 수 있는 자신의 관심사를 자기가 하는 일에 융합하여 그 누구도 생각하지 못했던 새로운 것을 창출했다. 이것이 바로 애플사에서 출시한 컴퓨터이다. 이 컴퓨터는 다양한 글씨체를 지원함으로써 소비자들로부터 큰 사랑을 받았다. 그의 삶에서 혁신을 가져오는 창의성은 남과 큰 차이를 지닌 생각도 크게 기여하지만, 사소한 일에 대한 호기심이 인생을 바꿀 수 있는 전환점으로 작용한다는 사실을 일러주고 있다.

궁금증의 답은 독서에서

궁금증에 대한 답을 독서에서 찾으려고 애를 쓴 점도 남과 다른 점이다.

스티브 잡스의 초등학교 성적표에는 "뛰어난 독서가이지만, 독서를 하느라 너무 많은 시간을 허비한다."라고 적혀 있다. 그는 수많은 궁금증에 대한 해답을 책에서 찾았다. 그는 깊이 있는 독서를 통해 자신의 꿈을 이루어 나가고자 하였고, 대학의 철학 공부가 도움을 줄 것이라고 믿었다. 하지만 어찌 된 일인가 스티브는 한 학기 만에 학교를 그만둔다. 그는 소크라테스의 사상에 깊은 영향을 받았는데, 애플의 사장으로 있을 때 종종 이런 말을 했다.

> "소크라테스와 함께 식사할 기회가 있다면 애플의 모든 기술과 바꾸어도 아깝지 않다."

스티브는 끊임없이 인생의 지혜를 구하고 애플을 제대로 이끌기 위한 답을 구했다. 책을 통해 고민한 내용을 자신이 만들고자 하는 제품에 담아내기 위해 끊임없는 노력을 아끼지 않았다. 그의 꾸준한 독서는 아이디어가 되어 빛을 발하게 되었다.

음악을 좋아하여 아이팟 창조

스티브 잡스는 비틀즈의 광팬으로, 음악은 그의 삶에 중요한 부분으로 자리 잡았다. 그는 단순히 음악을 좋아하는 것으로 끝나지 않고 또 다른 아이템을 창출하는데 활용했다.

심지어 자신의 회사 이름까지 비틀즈가 세운 회사의 이름인 애플에서 영감을 얻었다고 전해오고 있다. 그러나 화사 이름을 애플로 명명하기까지의 과정에 대해 여러 소담이 전해진다.

> 스티브 잡스가 컴퓨터를 만들 때, 사과를 한 입 베어 물고 컴퓨터 위에 올려놓았던 것을 상징화한 것이라는 설, 사과가 좋은 이미지인 성취, 지적 호기심, 건강을 담고 있어 명명했다는 설, 미국의 컴퓨터·정보기기 제조업체인 IBM이 '썩은 사과'를 신문 광고에 내고 애플을 비꼬자 다음날 애플이 '썩은 곳이 도려내진 사과'를 신문에 내어 응수한 사건 때문에 자사 로고까지 바꾸었다는 설 등 여러 가지 이야기가 있다.
>
> 그러나 스티브 잡스가 죽은 뒤 공동 창업자인 워즈니악은 '스티브 잡스가 오리건주의 선불교 수행을 하던 장소인 사과 농장을 연상하여 애플Apple이라고 지었다.'라고 밝힌 바 있다.

비틀즈가 음악을 좋아하는 까닭이었을까? 음반 회사들과의 어려운 계약을 체결하자 스티브는 음악 파일을 관리하는 프로그램인 아이튠즈와 음악을 언제 어디서나 들을 수 있는 MP3 플레이어 아이팟을 세상에 내놓는다. 이 제품은 세계 젊은이들에게 학습 방법에 변혁을 가져왔고, 동시에 음악의 공유에 혁신을 가져왔다.

뛰어난 대인관계 능력

스티브 잡스의 또 다른 능력을 그냥 지나칠 수 없다. 바로 대인관계 능력이다.

스티브는 꿈을 이루기 위해서 마음이 맞고 능력 있는 사람들과 함께 하는 것이 중요하다는 사실을 늘 생각하고 있었다. 때로는 자신과 경쟁하는 사람까지도 친구로 만들 수 있는 대인관계 능력을 갖추고자 했다. 스티브의 성장과 사고에 영향을 미쳤고, 스티브가 회사에서 쫓겨나기 전에 애플에서 퇴직한 워즈워낙과 꾸준히 관계를 유지해왔다는 사실은, 오늘날의 경영 리더십의 모형으로 남기도 했다.

이처럼 스티브는 한 사람 한 사람을 부분적으로 파악하는 것이 아니라 그 사람의 전체를 보고 파악하려고 했다. 회사원을 단순히 기술이 좋다고 해서 채용하는 것이 아니고, 하는 일에 관심을 갖고 열정적으로 참여할 수 있는 사람을 찾았다. 오늘날 애플의 성공에 통합적이고 전인적인 인재를 찾아 채용하는 스티브의 인간관계 능력이 한 몫을 차지했다는 것은 부정할 수 없는 사실이다.

이처럼 남다른 사고를 지닌 스티브 잡스는 21세기 개인의 경험을 바꾼 IT 디바이스를 만들며 애플을 세계 정상의 기업에 올려놓았고, IT업계에 큰 획을 그은 인물로 평가되며 성공 가도를 달렸다.

그러나 개인적으로는 희귀암 발병 등 건강 문제에 시달렸다. 2004년 췌장암으로 수술을 받고, 2009년에 간 이식 치료를 받았으나 2011년 8월 24일 병세 악화로 애플 CEO직을 사임했고, 이후 2달이 채 지나지 않은 10월 5일에 향년 56세로 췌장 신경내분비종양을 이기지 못해 우주의 별이 되었다.

지금도 살아 숨 쉬는 어록 - 갈망하라, 나아가라

값있게 살아온 스티브 잡스는 수많은 어록을 남겼지만, 2005년 6월 12일 미국 스탠퍼드대학교 학위 수여식의 축사에서 하는 말이 가장 유명하다.

> 여러분들의 삶(시간)은 기다려주지 않습니다. 그러니까 인생을 낭비하지 마세요. 즉 다른 사람들의 생각에 얽매이지 마세요. 다른 사람들의 목소리가 여러분 내면의 진정한 목소리를 방해하지 못하게 해야 합니다.

…(중략)…

제가 어릴 때, 제 나이 또래라면 다 알만한, '지구 백과'라는 굉장한 책이 있습니다.

…(중략)…

1970년대 중반, 제가 여러분 나이었을 때죠. 그 최종판의 뒤 표지에는 이른 아침 시골길 사진이 있었는데, 모험을 좋아하는 사람이라면 히치하이킹을 하고 싶은 생각이 들 만한 시골길이었어요. 그 밑에 이런 글이 적혀 있었어요.

"갈망하라, 나아가라."

제 자신에게 늘 그렇게 말하곤 했습니다. 그리고 저는 이제 새로운 시작을 앞둔 여러분에게도 이 말을 해주고 싶습니다.

"항상 갈망하라. 우직하게 나아가라Stay Hungry, Stay foolish."

이 어록마저도 남다르게 생각한 어록으로 기억되고 있다.

이 어록을 인증이라도 하듯 제4차 산업혁명시대를 맞이한 세계는 필요에 의해 인공지능 시대로 향하고 있다.

생각을 만들어가는 생각교육 ⑩

스티븐 호킹은 마지막까지 묻고 답하기를 멈추지 않는다

멈추지 않는 스티븐 호킹의 질문

20세기를 대표하는 물리학자를 꼽으라면 단연 아인슈타인이지만, 그다음은 누구일까? 아인슈타인 다음으로 유명한 사람을 꼽으라면 대다수의 사람은 스티븐 호킹Stephen Hawking이라고 답할 것이다.

실제로 호킹에게는 '아인슈타인 다음으로 천재적인 물리학자'라는 수식어가 잘 따라붙는다. 그는 상대성 이론과 우주론에 대한 독창적인 업적으로 과학자들 사이에서 유명하지만, 일반인들에게는 루게릭병으로 뒤틀린 외모로 잘 알려진 인물이기도 하다.

필자는 날마다 여러 신문을 접하고 신문에서 소개된 책을 구하는 경우가 허다하다. 이 장을 쓰고 있는 2019년 1월 12일 아침에도 경향신문의 '책과 삶' 페이지에서 《호킹의 빅 퀘스천에 대한 간결한 대답》이란 책을 소개한 정유진 기자의 생각을 정리하고 여기에다 필자가 호킹을 탐색하여 얻는 생각을 정리한다.

우리는 세상에서 일어나는 모든 사건에는 원인이 있다고 생각한다. 산에서 계곡물이 흘러내리는 원인은 이전에 내렸던 비 때문이다. 비가 내리는 원인은 이전에 내렸던 비 때문이다. 태양이 빛을 비출 수 있는 것은 수소 원자들끼리 결합해서 발생하는 핵융합 때문이다. 그렇다면 수소는 어디에서 왔을까. 정답은 빅뱅이다.

그러나 과학자들의 질문은 여기에서 멈췄다. 인간관계의 사슬은 과거로 계속 올라가야 하지만, 과학자들은 최초의 사건인 빅뱅을 일으킨 것이 무엇인지는 다루지 않았다. 그러자 스티븐 호킹은 "과학자들은 우주의 기원이 과학이 아닌 형이상학이나 종교 영역에 속한 문제라며 회피하려 했다."라고 하면서 "나는 진정한 과학자라면 이런 태도를 취해서는 안 된다고 생각한다."라고 했다.

이 책은 1942년 영국 옥스퍼드에서 태어나 2018년 3월 76세 나이로 세상을 떠난 호킹이 우리에게 남기고 간 마지막 선물이다. 호킹은 '신은 존재 하는가', '모든 것은 어떻게 시작되었는가', '우주에는 다른 생명체가 존재하는가' 등과 같은 거대한 질문Big Question을 끊임없이 받아왔는데, 그가 개인적으로 보관해온 자료에서 이러한 10개의 거대한 질문에 대한 견해를 발췌해 편집하여 유작으로 출간한 것이다.

이 책에서 호킹은 마지막까지 회의하고 묻고 답하는 것을 멈추지 않았다. 그의 생각은 또 다른 생각을 낳았고, 논리는 명쾌했다. 호킹의 생각을 더듬어 본다.

> 우주의 시작에 대한 가설은 과학자들에게 일종의 금기로 여겨져 왔다. 이들은 '무'에서 '유'가 탄생하는 우주의 시작을 말하려면 결국 신을 끌어들일 수밖에 없고, 그것은 물리학이 무너지는 결과를 낳을 수 있다고 생각했다. 과학자들은 우주가 계속 팽창하고 있지만 시작은 없다는 이론을 개발했다.

그의 업적 중 간과할 수 없는 것 중 하나는 1972년부터 1975년까지 미국의 이론물리학자 킵 손Kip Thorne, 1940~과 러시아 물리학자 야코프 젤도비치Yakov Zeldovich, 1914~1987와의 토론과정에서 블랙홀을 이해하기 위해서는 양자물리학과 상대성 이론을 부분적으로 결합해야 할 필요가 있음을 인식했다는 것이다. 이 두 이론을 결합시켜서 블랙홀의 특성을 파악할 경우, 블랙홀이 빛을 포함한 모든 물체를 삼켜 버리기만 하는 것이 아니라 복사에너지를 방출한다는 놀라운 결과가 나왔다고 주장했다. 이는 블랙홀과 우주론에 대한 호킹의 가장 중요한 업적으로 평가된다.

호킹은 마지막의 마지막까지 회의하고 묻는 것을 멈추지 않았다. 그리고 "내가 볼 때 가장 단순한 설명은 신이 없다는 것."이라는 결론을 내렸다. 그는 양자역학이 등장하면서 우주가 양성자처럼 외부, 즉 신의 도움 없이 혼자 튀어나와 존재할 수 있다는 사실이 증명됐다고 말한다. 즉 신이 우주를 만들 시간이 존재하지 않았다는 것이다. 게다가 빅뱅이 일어난 순간 비로소 시간이 시작됐기 때문에, 빅뱅 이전에는 원인이 존재할 수 있는 시간 자체가 없었다고 설명한다.

이 책이 해외에서 먼저 출간되었을 때 이 같은 내용이 공개되자 사람들은 "호킹이 신의 존재를 부정했다."면서 격렬한 반응을 보였다. 그러나 호킹은 신을 믿는 사람들에게 종교를 버려야 한다고 주장하려 했던 것이 아니다. 그는 "우리는 각자 원하는 것을 믿을 자유가 있다. 나는 사후 세계가 존재하지 않고 인간이 죽으면 먼지로 돌아간다고 생각한다. 대신 우주의 위대한 설계를 감상할 수 있는 한 번뿐인 삶을 살고 있으며, 이를 대단히 감사히 여긴다."라고 덧붙였다.

그는 '우주에 다른 지적 생명체가 존재하는가?'란 질문에 대해 "은하에 다른 생명체가 존재할 가능성은 높지만, 지능을 가진 생명체일 확률은 낮다."라고 답했다.

다음으로 호킹은 '우리는 지구에서 살아남을 것인가', '인공지능(AI)은 우리를 능가할 것인가' 등의 질문에도 답했다. 지구에서 살아남을 것인가란 질문에는 "앞으로 1,000년 안에 핵 대치나 환경재

난 등으로 인해 어떤 식으로든 지구가 심각한 손상을 입을 것이라고 본다."라고 내다봤다. 다음으로 AI에 대한 질문에는 "느린 생물학적 진화의 제약에 갇혀 있는 인간은 경이로운 속도로 스스로 재설계할 수 있는 AI와 경쟁할 수 없다."라고 우려하면서, 인간보다 똑똑한 인공지능의 개발은 인류의 멸망을 초래할 수도 있다고 경고까지 했다.

그는 인간이 처음 불을 발명한 이래로 계속 문제를 일으키다가 결국 소화기를 발명했던 것처럼 "핵무기, 인공지능처럼 더 강력한 기술이 도래할 때마다 한발 앞서 계획을 세우고, 문제가 시작되기 전 바로 잡겠다는 목표를 세워야 한다."라고 조언했다. 그는 유작인 이 책의 마지막 문장을 통해 지구 위에 남겨진 우리에게 따듯한 위로와 격려를 건넨다.

상상력을 포기하지 마라

> "발을 내려다보지 말고 고개를 들어 별을 바라보자. 눈으로 보는 것을 이해하려 하고, 우주가 존재할 수 있는 이유가 무엇인지 의문을 품도록 노력하자. 상상력을 가지자. 삶이 아무리 어려워도, 해낼 수 있고 성공을 거둘 수 있는 일은 얼마든지 있다. 중요한 것은 포기하지 않는 것이다. 상상력을 가두어두지 말자. 미래를 만들어나가자."

호킹은 마지막까지 인류의 거대한 질문을 회피하지 않고 과학적 대답을 도출했다.

호킹의 말을 통해 학교에서 생각을 만들어가는 교육을 해야 하는 까닭이 밝혀졌다. 생각은 위대한 질문을 창출하고, 질문에 대한 답을 캐기 위해 또 다른 위대한 생각을 하여 결국은 위대한 결과물을 창출한다. 그래서 학교 교육은 '왜'로부터 출발해야 한다고 목소리를 내고 싶다.

생각을 만들어가는 생각교육 ⑪

피아제의 인지발달 이론은 배고픈 갓난아이와 소통하는 것이다

갓난아이는 왜 울까

갓난아이들은 울음으로 의사를 나타낸다. 아이가 천장을 쳐다보면서 가만히 누워 있다는 것은 심신이 평온한 상태를 뜻하며, 소리를 내며 우는 경우는 몸이 아프다거나 배가 고프다는 의사 표현일 것이다. 후자에 속하는 갓난아이의 경우에는 엄마로부터 수유하거나 우유병을 입에 물리면 울음을 멈춘다. 갓난아이의 의사가 충족되어 심신이 평온에 이르게 된 상태이다. 그렇다면 이러한 논의가 사실일까?

이에 대한 답을 스위스의 심리학자 피아제와 일본의 교육심리학자 무라카미 요시오村上芳夫, 독일의 철학자 헤겔의 생각을 받아들여 합리적인 근거를 제시한다.

갓난아이의 울음을 멈추게 하는 생각들

스위스의 심리학자 피아제J. Piaget는 인간의 지적 행동을 환경에 대한 적응適應이라고 보았다. 즉 동화assimilation와 조절accomodation 사이에서 평형이 이루어질 때 적응이 이루어진다고 본 것이다. 이때 동화와 조절과 평형은 지적 발달의 초기부터 상호작용을 한다.

동화는 지능의 정도에 따라 경험으로부터 얻어진 모든 자료를 기존의 인지구조frame work에 맞게 조직한다. 새로운 자료가 판단을 통해 기존에 알려진 자료와 합쳐지고 그 결과 그 의미의 일반성이 구체적인 용어로 축소되는 사고에 대한 하나의 질문은 물론, 기존의 인지구조에 이들을 불러들임으로써 인식된 것들을 구조화하는 감각적 운동기의 지능에 관한 질문도 지적 적응에 관한 것이라면 동화의 요소와 관련되어 있다. 즉, 주체의 활동에 의해 외부 현실을 어떤 형태로 조직함으로써 구조화시키는 과정이라고 말할 수 있다.

동화가 위에서 언급한 것처럼 새로운 정보나 새로운 경험을 접했을 때 이미 자신의 내면에 구성되어 있는 인지구조를 통해 해석하는 것이라면, 조절은 주어진 상황에 맞게 기존의 인지구조를 변화시키는 것을 의미한다.

평형equilibrium은 앞서 설명한 동화에 의해 인지적 갈등이 생기면 조절의 과정을 거쳐 인지적 평형을 이루는 것으로, 이러한 활동을 통해 인간은 환경에 적응adaptation하려는 끊임없는 노력을 경주하기에 이른다.

한편 무라카미 요시오村上芳夫는 그의 논저 '학습지도의 현대화와 주체적 학습'에서 주체적 학습에서는 학생들에게 과제해결을 통해 지식이나 가치를 이해시키는 것뿐만 아니라 학생들의 인식이 변용變容 하는 과정을 중요시하는데, 그 인식은 주관적 인식-개관적 인식-법칙적 인식의 변용 과정을 거친다고 주장하고 있다. 그는 주체적 학습에서 인지의 전개 과정을 다음과 같이 구조화하여 제시하고 있다.

〔인지의 전개 구조도〕

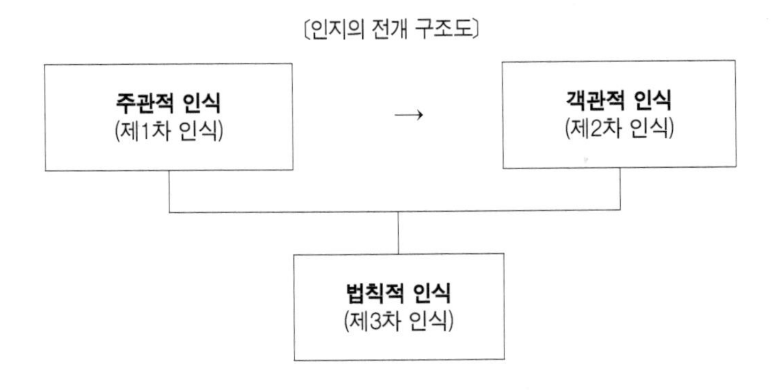

주관적 인식에서는 학생 각자가 자주적 사고에 의해 미지未知의 교재에 대한 자기의 주관적 결론을 형성시키는 경험을 하게 된다. 이는 자주적 해결학습 과정을 밟아 결론을 얻는 것을 말한다.

개관적 인식에서는 각자가 얻은 결론을 제시하여 타인의 것과 상이점을 발견하고 그렇게 된 까닭을 밝혀 나가는 과정을 밟는다. 이때 학생들은 상호 도움주기 협력학습을 통해 자료, 사실, 실험, 관찰 내용을 과학적으로 수정·보완하는 것을 바탕으로 하여 주관적 인식을 객관적 인식으로 확립시켜 나간다.

법칙적 인식에서는 객관적 인식으로부터 깊숙이 전진해 교재의 중핵적 과제에 착안하여 교재가 목표로 하는 법칙적 인식에 도달하게 되며, 법칙적 인식은 학습의 전이를 가져온다. 이 인식은 고차원적인 것이 되므로 교재의 높은 식견에 의해 적극적인 지도를 필요로 한다.

헤겔은 인간의 사고가 세계정신 자체의 사고라고 주장한다. 사물은 한 개인의 주관적인 정신이 아니라 객관적인 세계정신으로 존재하는 것이 되기 때문이다. 그래서 관념론은 주관성을 벗어나 객관성을 띠게 된다고 했다. 그에 따르면 세계정신은 사물을 생각함으로써 사물을 만든다. 그러므로 이 객관적인 세계정신 안에서 사고와 존재와 진리는 일치한다면서 인식 단계를 셋으로 나누었다. 이것이 바로 헤겔이 말한 변증법인데, 변증법은 정·반·합으로 일반화의 사고 과정이며 〈긍정-부정-부정의 부정〉 등으로 표현된다.

'정'은 단정적으로 주장하는 기본명제이며, '반'은 그것에 대립하는 명제이고, '합'은 정과 반을 고차원에서 종합한 명제이다. 이 변증법의 일반화를 지식이 형성되는 과정으로 대입하여 보면, 지식은 수동적으로 받아들이는 것이 아니다.

> "깊은 사고 없이 그저 지각하는 이해하지 못한 구조正, 즉 소박한 신념과 오개념misconception을 바르게 이해할 수 있는 구조反로 전환시키기 위해서는 학생들이 그들을 둘러싼 현상을

해석하는 방법에 대해 그들의 마음을 변화시키도록 돕는 아이디어가 논의되어야 한다. 그래야만 만족하거나 최선의 의사결정 합合에 이르게 된다."

세 학자의 생각 만남

앞서 탐색한 피아제의 인지발달구조와 헤겔의 변증법적 사고, 무라카미 요시오村上芳夫의 인식 변용 과정 등 세 학자의 제론을 통합하여 사고思考와 행동을 유발하게 하는 인식의 전환 과정 모형을 도식화한다.

〔인식의 전환 과정 모형〕

인식전환	피아제		동화		조절		평형		적응
	촌상방부		주관적 인식		객관적 인식		법칙적 인식		전이(轉移)
	헤겔		정(正)		반(反)		합(合)		모형의 순환
	생리적 욕구		배고픔 운다		엄마로부터 수유 및 우유를 먹음		배가 부름 평온상태		새로운 행동을 취함
	지적 욕구	→	-도전적인 과제에 접함 -기존의 지식이나 경험에 의하여 주관적인 문제해결	→	-과제해결 노력 - 객관적인 자료로 협력학습에 의하여 주관적인 답을 객관적인 답으로 수정	→	-과제해결 - 객관적인 지식과 가치를 원리적 가치로 변용	→	또 다른 과제에 도전
	해석		-비평형 상태 - 불안정한 심리 상태		평형에 이르도록 욕구 해결을 위해 노력		-평형 상태 - 안정된 심적 상태		새로운 욕구에 도전

앞의 모형에서 동화는 인지의 전개 도식에서 밝힌 바와 같이 주관적 인식이며, 조절은 대상의 내부적 요인에 적합하도록 자기의 심적 구조를 변용시킨 것이기 때문에 객관적 인식이다. 평형은 객

관적인 인식을 결론적인 답答으로 정립이법화理法化하여 심리적인 안정 상태에 도달하기 때문에 법칙적 인식으로 대치한 것이다. 적응은 개체가 만족한 상태에 이르러 환경에 순응하고 새로운 발전적인 행동을 취하게 된다.

앞에서 도식화한 '인식의 전환 과정 모형'은 배가 고파 우는 갓난아이가 울음을 그치기까지의 답을 일러주고 있다.

피아제와 갓난아이와 생각 소통

말을 하지 못하는 갓난아이는 배가 고플 때 울음으로 의사를 표현한다. 울음소리가 시작될 때는 동화=정=주관적 인식이다. 젖이나 우유를 먹이지 않으면 동화단계가 지속된다. 배가 고픈 갓난아이의 욕구를 충족시켜주기 위하여 수유하거나 우유를 먹여주는 단계를 조절=반=객관적 인식이라고 한다. 갓난아이가 우유를 배불리 먹고 욕구를 충족하면 평형=합=법칙적 인식 단계에 이르게 된다. 평형이 되면 발전적으로 적응하여 갓난아이는 옹알거리며 놀거나 잠을 청하여 평온 상태에 이르게 된다.

이러한 생각 논리는 교육에서 더 좋은 생각을 만들어가는 로드맵이다. 학생의 학습에 대한 요구가 불만족 상태에 접어들면, 만족 상태에 이르기 위해 학생 스스로 주도적인 학습을 수행하게 된다. 이 경우, 교사가 학습자에게 도전적인 과제를 주었을 때 탐구심이 강한 학생은 주어진 과제를 해결하기 위한 강한 욕구를 분출한다. 이 단계가 바로 '동화'이다. 이후 도전적인 과제를 해결하기 위해 학생은 주도적으로 다양한 자료를 제시하여 과제를 해결하게 되는데, 이 단계가 '조절'이다. 문제를 해결하는 조절 단계가 지나면 주어진 도전적인 과제를 해결해 심리적으로 안정 또는 만족 상태에 이른다. 이 단계를 '평형'이라고 하며, 이러한 욕구가 지속되어 또 다른 도전적인 과제를 접하기를 원하는 '적응' 상태에 빠진 학생은 고등사고력을 쫓아 정진한다.

이 논리는 바로 교수敎授 teaching와 학습學習 learning에 적용하는 교육이론으로 고등사고력을 키워가는 교육기법이다.

참고자료

- 강치원(2013). 《토론의 힘》, 파주 : 느낌이 있는 책.
- 권태우(2009). "탯줄의 인연, 사라의 율법", 《이코노믹리뷰》,vol.482.10월호.
- 권태우(2009). "서바이벌 레이스", 《이코노믹리뷰》, vol,486.11월호.
- 김명찬(2012). 《청소년 스티브 잡스처럼》, 서울 : 청림출판.
- 김영두(2003). 《퇴계와 고봉, 편지를 쓰다》, 서울 : 한영인쇄.
- 김일남(2017). 《개성교육》, 서울 : 북랩bookLab.
- 김일남(2019). 《인간관계교육의 이해》, 광주 : 고려문화사.
- 김일남(2006). "의사결정과정의 인식 전환 논리-학교학습을 중심으로-", 《127차 월례 연구발표회 자료집》, 한국사회과교육학회.
- 김일남·이광성(2018). 《사회과교육탐구》, 서울 : 명문인쇄공사.
- 김영석·이광성 역(2017). 《생각이 담긴 교육》, 서울 : 강현출판사.
- 김종서(1976). 《잠재적 교육과정》, 서울 : 익문사.
- 류시화(2006). 《살아있는 것은 다 행복하여라》, 법정 잠언집, 서울 : 조화로운삶.
- 모구리(2020). "단풍나무와 붉게 이은 나의 삶의 조각들-Palmate

maple(손바닥 모양의 단풍 잎)", 네이버 블로그.
■ 박병학(1997). 《사랑의 수업론》, 서울 : 교육과학사.
■ 박병학(1986). "서양에 있어서의 아동의 발견과 학습자로부터의 질문론", 《발문법원론》, 서울 : 세광출판사.
■ 박혜림(2010). "감성 풍부한 아이, 공부도 잘한다", 《주간동아》, No.757.10월호.
■ 법정(2006). 《살아 있는 것은 다 행복하라》, 서울 : 조화로운 삶.
■ 법정(1999). 《무소유》, 서울 : 범우사.
■ 신태진·고요한(2003). 《교육이해의 다양성 탐구》, 서울 : 교육과학사.
■ 이돈희 외(1998). 《교육이해의 다양성 탐구》, ㈜현대문학.
■ 이재훈(2009). "영재는 만들어지는 것, 놀면서 배우게 해야", 《이코노믹리뷰》,vol.484.10월호.
■ 이지성·황광우(2012). 《고전혁명》, 서울 : 영신사.
■ 이현·이진호(2010). "지식을 신경망처럼 연결해 지식지도를 만들자", 《이코노믹리뷰》, vol.495.1월호.
■ 이현·이진호(2010). "영재는 만들어지는 것…놀면서 배우게 해야", 《이코노믹리뷰》, vol,484.11월호.
■ 이홍우(1980). 《지식의 구조와 교과》, 서울 : 교육과학사.
■ 장대익(2007). "자연선택으로 생명의 나무를 그리다-과학으로 생각한다", 《과학인물백과》, 네이버 지식백과.
■ 장석봉(2002). 《아이작 뉴턴》, 서울 : 바다출판사.
■ 장연란(2009). 《플라톤의 교육-영혼을 변화시키는 힘》, 파주 : ㈜살림출판사.
■ 정문성·김동일(1999). 《열린교육을 위한 협동학습의 이론과 실제》,

서울 : 형성출판사.
- 정민(2007). 《다산어록청상》, 서울 : 도서출판 푸르메.
- 정약용(저), 박석무(역)(2005). 《유배지에서 보낸 편지》, 파주 : ㈜창비.
- 정약용(저), 다산연구회(역)(2005). 《정선 목민심서》, 파주 : ㈜창비.
- 최형용 외 2인(2011). 《발표와 토론》, 서울 : 도서출판 박이정.
- 하지현(2014). 《에릭스의 사회심리학적 발달이론》, 네이버지식백과.
- 혜민(2012). 《멈추면, 비로소 보이는 것들》, 서울 : 쌤앤파커스.
- 홍성옥 외 3인(2016), 《스티븐 호킹》, 네이버 백과사전.
- 황윤환(2003). 《교수-학습의 패러다임적 전환》, 서울 : 교육과학사.
- 황인원(2009). "세상을 창조하는 것은 동심이다", 《이코노믹 리뷰》, 통권 제473호, 8월호.
- 황인원(2009). "상식의 반대편을 관찰하라", 《이코노믹 리뷰》, 통권 제479호, 9월호.
- 황인원(2009). "전지적 관찰을 하라", 《이코노믹 리뷰》, 통권 제484호, 10월호.

* * * * *

- 게르하르트(저), 장경룡(역)(1982). 《천재들의 성적표》, 서울 : 범조사.
- 루스-실로(저), 채일병(역)(1991). 《유대인의 천재교육》, 서울 : 고려출판문화공사.
- 삭티 거웨인(저), 박윤정(역)(2000). 《그렇다고 생각하면 진짜 그렇게 된다》, 서울 : 도서출판 도솔.
- 이케다 다이사쿠(저), 한국SGI(역)(2002). 《교육제언》, 재단법인 한국

SGI.

■ 줄리엣 니렌버그·아이린 로스(저), 정성묵(역)(2003). 《윈-윈 협상 기술》, 서울 : 이가서.

■ 진 아데어(저), 장석봉(역)(2002). 《위대한 발명과 에디슨》, 서울 : 바다출판사.

■ 짐 호던(저), 포엠아이컨설팅(역)(2010). 《몰입과 소통의 경영》, 서울 : 가산출판사.

■ 무라카미 요시오村上芳夫(저)(1974). 《학습지도의 현대화와 주체적 학습》, 동경 : 명치도서.

■ 칼 비테(저), 김락준(역)(2020). 《칼 비테의 자녀교육법》, 서울 : 베이직북스서적출판.

■ 피터 F. 드러커(저), 이재규(역)(2007). 《21세기 지식경영》, 서울 : 한국경제신문한경BP.

■ 헨리에트 앤 클라우저(저), 안기순(역)(2004). 《종이 위의 기적, 쓰면 이루어진다》, 서울 : 한인출판사.

* * * * *

■ 광주광역시교육청(1991). 《수업기술의 실제》, 광주 : 영문화사.

■ 광주광역시교육청(1992). 《발문기술의 실제》, 광주 : 영문화사.

■ 교육부(2016). 《2015 개정교육과정 총론해설》, (사)한국장애인문화인쇄협회.

■ 교육부(2016). 《2015 개정교육과정 총론해설》, (사)한국장애문화인쇄협회.

■ 교육학사전편찬위원회(1984). 《교육학대사전》, 서울 : 교육출판공사.

■ 문교부(1985). 《생각하는 방법》, 장학자료 제49호, 서울 : 삼진기업 CO.

■ 한국 교육삼락회총연합회(2004). 《21세기 자녀교육 보감》, 서울 : 승림문화사.

■ 한국학중앙연구원(1991). 《한국민족문화대백과사전》, 한국정신문화연구원.

* * * * *

■ 경향신문(경향후마니타스연구소장 조운찬). 2014.12.27. "나는 왜 쓰는가".

■ 경향신문(경향포럼, 장하석). 2017. 6.22. "4차 산업혁명 시대의 교육".

■ 경향신문(공감, 김현수). 2018. 8.8. "경험이 혁신을 만든다".

■ 경향신문(경향포럼, 류태호). 2018. 1.5. "한국 교육정책의 중심에 학생이 있는가".

■ 경향신문(역사와 현실, 이정철). 2018. 3.22. "공부와 질문".

■ 경향신문(사설&박은하 기자). 2018. 10.12. "한국소년 인적자본 세계 2위, 개인·국가발전으로 이어져야".

■ 경향신문(책과 삶, 정유진 가자). 2019. 1.12. "금기에 도전한 호킹의 '생애 마지막 수업'".

■ 경향신문(tv하이라이트, 이유진 기자). 2019. 2.28. "주입식 수업 탈피하는 일본· 핀란드, 한국은?".

■ 경향신문(문학수 선임기자). 2019. 3.3. "인간적인 천재가 남기는 '다빈치 노트' : 월터 아이작슨(서), 신봉아(역), 《레오나르도 다빈치》를

소개하다".

■ 경향신문(이혜인 기자). 2019.8.8. "비슷한 아이들끼리 모인 자사고는 창의력에 독약".

■ 경향신문(토요기획, 박성만). 2019. 11.2. "대한민국 위기의 핵심은 좌우·위아래가 아니라 '앞뒤'다".

■ 경향신문(김범준의 옆집물리학, 성균관대). 2019.11.7. "사람과 사람 사이, 작용·반작용의 법칙".

■ 경향신문(한동일의 라틴어 수업 2020). 2020.1.11. "'생각의 어른'을 밖에서 찾을 것인가, 내 안에서 찾을 순 없나".

■ 무등일보(김민하). 2020. 2.24. '다른 관점에서 보면', "김민하의 생각한 방울".

■ 중앙SUNDAY(FOCUS/박신홍의 人사이드). 2018. 9.1~2. "실패가 나를 키웠다".

■ 중앙SUNDAY(책속으로/김환영 지식전문기자). 2018. 12.1~2. "창의성은 1인 천재가 아닌 2인 협업의 산물".

■ 한국일보(신혜정). 2018. 7.27. "교육 현장에 에듀테크 도입 필요".

■ 한국일보(횡설수설, 정성희). 2010. 5.20. "창의 인성교육".

■ 한국 교육신문(유영만). 2012. 6.4. "독창성의 꽃은 협창성".

■ 한국 교육신문(송인섭 숙명여대교수). 2019. 9.4. "평준화 블랙홀 빠진 자사고, 수월성 교육 어쩌나".

■ 한국일보(신지후 기자). 2018. 6.28. "코딩 기술 교육? 차라리 추리소설 쓰게 하세요".